# 진주 茶맛

**진주문화를 찾아서 편간위원회 위원** (가나다 차례)

고영훈(경상대학교 건축공학과 교수)
김수업(우리말교육대학원 원장, 이사장)
김장하(남성문화재단 이사장, 자문)
김준형(경상대학교 사회교육과 교수)
김중섭(경상대학교 사회학과 교수)
리영달(진주문화사랑모임 회장, 자문)
안동준(경상대학교 국어교육과 교수)
정병훈(경상대학교 철학과 교수)
허권수(경상대학교 한문학과 교수)

진주문화를 찾아서 7
# 진주 茶 맛

초 판 1쇄 인쇄 2006. 8. 20.
초 판 1쇄 발행 2006. 8. 25.

지은이  정헌식 글 · 마상철 사진
펴낸이  김경희
펴낸곳  (주)지식산업사
주 소  서울시 종로구 통의동 35-18
전 화  (02)734-1978(대)
팩 스  (02)720-7900
인터넷한글문패 지식산업사
인터넷영문문패 www.jisik.co.kr
　　전자우편 jsp@jisik.co.kr

등록번호 1-363
등록날짜 1969. 5. 8.

ⓒ 정헌식 · 마상철, 2006
ISBN 89-423-4826-2　03380
ISBN 89-423-0034-0　(세트)

**책값은 뒤표지에 있습니다.**

이 책을 읽고 문의하고자 하는 이는
지식산업사 전자우편으로 연락 바랍니다.

※사진의 표시 — ㊈
위와 같은 기호로 표시된 사진은 글쓴이가 직접 찍은 기록 사진과 협조를
받은 사진, 허락을 얻은 사진들이다.
그림은 모두 글쓴이가 직접 그린 것으로, 따로 표시하지 않았다.

진주문화를 찾아서 7

# 진주 茶 맛

정헌식 글 / 마상철 사진

지식산업사

# 진주문화를 찾아서

새천년의 문턱을 넘어 첫발을 내딛으면서 우리는 진주문화를 찾아서 길을 나섰다.

돌이켜 보면 우리 겨레는 지난 세기 동안에 참혹한 시련을 겪었다. 앞쪽 반세기 동안에는 왜적의 침략으로 값진 삶의 전통을 이지러뜨리고 여지없는 수탈로 굶주림에 시달렸다. 뒤쪽 반세기 동안에는 미·소 두 패권에 깔려 조국이 동강 나서 싸움의 불바다를 겪고, 남북의 독재 권력에 짓눌려 마음껏 살아볼 수가 없었다. 그러나 남쪽에서는 수많은 사람들이 피로써 독재 권력과 싸우며 겨레의 전통과 문화를 되살리는 길을 찾으려 안간힘을 다한 나머지, 80년대를 들어서면서 마침내 독재를 내쫓고 전통을 살리는 길이 보이기 시작했다.

우리 고장 진주에서도 얼이 깨어 있고 마음이 젊은 사람들이 갖가지 모임을 만들어 전통문화를 살리고 사람답게 살려고 마음을 모아 일어섰다. 어떤 모임은 자연을 살리고, 어떤 모임은 말을 살리고, 어떤 모임은 정치를 살리고, 어떤 모임은 언론을 살리고, 어떤 모임은 예술을 살리고, 어떤 모임은 농사를 살리고, 어떤 모임은 힘겹게 사는 이들을 살리고…… 이 모든 일들 안에서 짓밟혔던 겨레의 전통을 되살리고자 했다. 그리고 오래 잊지 못할 여러 일들을 이미 이루어서 우리 모두 자랑스러워하고 있다.

 이런 세상의 흐름을 타고 우리가 진주문화를 찾아서 나설 수 있었던 힘은 무엇보다도 '남성문화재단'에서 나왔다. 이 재단이 진주문화의 지킴이며 지렛대임은 진주 사람들이 두루 아는 사실이거니와, 우리가 진주문화를 찾아 나선 뜻이 남성재단이 이루려는 뜻과 어우러지는 것을 자랑스럽게 생각한다. 그리고 이런 뜻이 진주문화를 사랑하는 모든 사람들과 또 다른 고장 사람들에게로 번져 나갈 수 있으면 우리 일에 더없는 보람이 되겠다.

'진주문화를 찾아서' 편간위원회

# 머리말

우리네 세상은 일도 많고 사람도 많아서 좀처럼 한 가지 것에 집중할 수 없습니다. 많은 것들에 얽매여 자신의 감정조차 뜻대로 지켜 갈 수 없습니다. 더러는 하루의 시작이 어디였는지, 온종일 무엇을 했는지 아득하기만 합니다.

사람들은 이 바쁜 일상을 차와 함께합니다. 차는 시작의 설렘과 마무리의 즐거움을 안겨 줍니다. 찻잔에서 전해지는 따뜻함을 느끼면서 차의 색을 보고 향을 맡습니다. 그러고 나서 한 모금 머금으면 생각들이 자유롭게 넘나듭니다. 이렇게 차는 형태이면서 사유가 됩니다.

아침에 마시는 차는 하루라는 백지를 펼쳐 보이고, 생각이나 일을 하기 전에 마시는 차는 시작의 바탕이 되어 주며, 심신의 변화를 바라보는 기준이 됩니다. 어떻게 행동할 것인가, 감정과 신체 변화를 어떻게 조절해 갈 것인가에 대하여 디자인할 수 있는 여유를 줍니다.

차 한 잔을 마신다는 것은 새로움을 추구하는 행위와 같습니다. 새로워지고 더 나아지려는 것은 누구에게나 있는 한결같은 바람입니다. 바람은 단지 바람에서 그치는 것이 아니라 기본적으로 자신으로부터 우러나오는 열정이 있어야 합니다. 그 열정에 행동이 뒤따를 때 우리는 그것을 성실이라고 합니다. 사람이 성실하면 영감(靈感)을 갖는 계기가 생겨나고, 영감은 상상력을 불러일으켜 구체적인 창의력으로 변합니다. 차는 이처럼 새로움과 상향(上向)의 여백을 주면서 심신을 집중시키는 힘이 있습니다.

차는 맑고 담백한 기호음료입니다. 그것은 몸과 마음의 건강에 작용하고 자연과도 연관되면서 차생활·차예술·차문화를 이루어 왔습니다. 차문화는 한국을 비롯하여 중국, 일본이 중심이 되어 쌓아온 귀중한 동양문화입니다. 오랫동안 마셔 왔다는 것은 건강에 좋다는 말이며, 누구나 즐길 수 있다는 말입니다.

'진주 차맛'은, 진주를 중심으로 하는 서부 경남지방(고려 성종 때 진주목에 해당하는 강우지역)에서 차와 관련된 자연환경, 역사, 차인(茶人)들의 활동, 그리고 도구 등이 어우러져 이루어 낸 독특한 생활문화 풍토를 말합니다. 막걸리와 다방커피가 유행하던 시절에 진주 사람들은 차나무를 연구하여 차를 보급했고, 민속박물관을 지어 차도구가 어떤 것인지 보여 주었습니다. '진주 차맛'의 힘으로 진주 시민 누구나, 한국사람 모두가 차를 즐길 수 있는 분위기를 만들어 갔습니다. 차문화운동을 통해 가야, 신라에서 고려와 조선으로 전해진 차맛은 현대까지 이어져 가까스로 한국의 차문화 역사를 이루게 되었고, 이제 일상 생활에까지 스며들었습니다. '진주 차맛'은 곧 '한국의 차맛'이라고 할 수 있습니다.

필자는 효당(曉堂) 스님을 만나면서 차와 인연을 맺게 되었고, 그 인연은 아인(亞人) 선생님으로 이어졌습니다. 거기에는 차보다도 먼저 사람이 있었습니다. 1974년 대학교 1학년 때 동아리 선배들을 따라 다솔사에서 열린 수련회에 참가했습니다. 그때 효당 스님의 말씀과 행동은 나의 마음을 뒤흔들어 놓았습니다. 이듬해, 늦은 유월의 달빛을 받으며 논벼의 그림자가 바람에 흔들릴 때였습니다. 당시는 통행금지가 있었고 자정을 넘기면 밖으로 마음대로 못 다녔습니다. 집이 진주여고 앞 상봉서동에 있었기 때문에 다솔사 60리 길을 가자면 군데군데 있는 파출소를 잘 피해야 했습니다. 시내를 벗어날 때까지 골목길로만 달리고 또 달려 새벽녘에 스님이 주무시는 큰방, '죽로지실'(竹爐之室)에서 스님과 정식으로 대면했습니다.

이렇게 효당 스님의 차를 만나게 되었고, 자연과 사람, 사물에 대한 인식을 전환할 수 있었습니다. 또 고향 진주에서 놀고 일하면서 가진 막연한 추억이 생명력을 갖게 되었고, 새로운 안목이 생겨나 일상 생활은 활기를 되찾았습니다. 당시 효당 스님은 《한국의 차도》라는 책을 낸 지 얼마 되지 않은 상태라 날로 차 이론에 깊이를 더해 갔습니다. 연세도 드신 터라 말년의 뜻을 비워 내듯이 차에 관한 상상력을 펴 주셨습니다. 그리고 일제강점기의 억압과 뒤이은 독립을 거치며 길러진 한국 남성들의 대담한 기개를 들려 주셨고, 원효의 화엄사상을 통해 자연의 원대함과 인간의 당당함에 대해 가르쳐 주셨습니다. 스님과 함께한 시간들은 대숲에 피어난 난초나 풀숲 속 키 큰 달맞이꽃처럼 청초하고도 애틋한 추억으로 남아 있습니다.

1980년에 교생실습 때의 인연으로 대아고등학교에 근무하게 되었습니다. 당시 아인 박종한 선생님이 교장으로 계셨기 때문에, 차와의 인연은 새로운 길로 접어들게 하였습니다. 아인 선생님은 젊은이에게도 늘 높임말을 쓰시고 목소리가 카랑카랑한 것이 인상 깊었는데, 대화가 길어질 때면 열 시간을 넘는 경우도 있었습니다. 오늘까지 25년 이상 아인 선생님과 교유하면서 차에 관한 의식을 다잡을 수 있었습니다.

차가 전하는 아름다운 이야기를 진주 사람들에게 들려주기 위하여 뜻을 같이하는 사람들과 '강우차회'(江右茶會)라는 모임을 만들었습니다. 1991년 가을에 발족할 때는 다섯 명이던 것이 지금은 열 명으로 늘어났습니다. 달마다 두 번 모여 독서토론회와 주제발표를 하고, 계절마다 차회를 가지며 차의 사회화를 실험해 왔습니다. 또 해마다 발표된 결과물과 활동 내용을 정리하여 《화백차론》(和白茶論)이라는 회지를 엮어 내었습니다. 2004년 효당 스님 탄신 100주년 기념호를 겸하여 제13호가 나왔습니다. 15년을 한결같이 이어왔기 때문에 수백 번의 주제발표와 수십 회가 넘는 차회를 가진 셈이 됩니다. 그러는 사이에 '진주 차맛'의 잠재력과 시민을 위한 사회화의 힘을 확신하게 되었고, 이웃 중국과 일본의 차문화에 대한 정보도 어느 정도 얻을 수 있었습니다. 차의 사회화를 위해서는 당연히 우리 사회에 대한 정확한 인식이 필요하며, 아울러 세계 인식의 지평을 열어가야 한다는 것도 알게 되었습니다.

'진주 차맛'은 진주에서 비롯되었지만 도저히 진주에만 머물 수 없는 힘이 있습니다. 그것은 한국의 차맛이며, 동양의 차맛이고, 세계의 차맛이 될 것을 확신합니다. 차 한 잔에는 우주로 통하는 눈이 있습니다. 그 눈에는 이웃나라 문화가 어떠한지 보입니다. 전면에 나타나지 않는 실세들의 움직임이 보이고, 도시나 국가의 조형을 훌륭하게 가꾸어 가는 에너지가 어디에서 나오는지도 보입니다. '진주 차맛'은 현재 진행형이며, 이대로 멈추어서는 안 되는 현대 차 역사의 새로운 시작입니다.

# 차 례

머리말 ·············· 7

1. 차 첫 재배지 지리산 화개동 ········ 13

2. 차 한 잔 마시기와 차문화 ·········· 19

3. 동양의 차문화 ············ 25

4. 차의 역사와 진주 ············ 33

5. 진주의 차맛 ············ 41

6. 진주 차맛을 만든 사람들 ·········· 51

7. 진주 차맛과 한국 차문화운동 ········ 81

8. 진주 차맛의 오늘과 내일 ·········· 125

참고문헌 ············ 135

# 1 차 첫 재배지 지리산 화개동

∴ 차꽃이 핀 차나무 — 정

**지**리산 화개동을 지나면서 초의선사가 노래한 시가 있습니다.

하느님이 읊조리는 아름다운 나무여
깨끗하고 향기로운 귤나무와 그 덕(德) 같음이여!
따스한 남쪽나라에 나도
옮겨 심기 어렵구나!

무성한 잎은 싸락눈과 싸워
찬 겨울 내내 푸르네.
꽃은 희어 가을 서리를 씻으며 빛나라!
꽃 없는 동산에 분단장 고우며
꽃술엔 황금빛이 어리어라!

벽옥 같은 가지에 야들하게도
부드러운 움 이슬을 머금고 큰 것이라
작설(雀舌)이라네!

하늘과 신선이, 사람과 귀신이
모두가 아끼고 사랑하니
너의 타고난 성품은 참으로 신기하구나.
신농씨는 너의 맛을 알고 식경(食經)에 실었다네.

우유의 지극한 맛을 제호(醍醐)라고 하지
예부터 전하기를 차맛이 더 낫다고들 한다네.

　　초의선사가 차밭을 지날 때는 차꽃이 피는 늦가을쯤이었던 모양입니다. 이 해가 무자년(戊子年, 1828)으로 지금으로부터 약 200년 전의 일입니다. 초의선사는 공부를 하기 위해서나 《차신전》(茶神傳)을 정리하기 위해, 화개동 골짜기를 거쳐 쌍계사, 칠불암을 자주 오르내리면서 눈에 띄는 야생 차밭을 관찰하고 있었을 것입니다. 그러는 가운데 이《동차송》(東茶頌)도 구상하였을 것입니다.

최근 김기원 교수(진주산업대)가 채집한 차에 관한 노래에서도 짐작할 수 있듯이, 화개동은 차와 관련된 이야깃거리가 많습니다.

> 국사암 나한들은
> 긴 대밭 차싹 따서
> 육조와 차 마실 때
> 금당 안 선지식들
> 코만이 골아 대네.

흥덕왕 3년(828), 당나라에 사절로 갔던 대렴(金大廉으로 봄)공이 차의 종자를 가져왔습니다. 왕이 그것을 지리산 화개동에 심도록 명하니, 이 해는 우리나라 차나무 재배의 기원이 됩니다. 이것이 씨가 되어 지금 화개골은 온통 차나무로 가득합니다.

그러나 차 종자를 가져와 심은 대렴에 관한 기사는 《삼국사기》에 겨우 한 줄이 있을 뿐입니다. 비록 조선시대로 접어들면서 쇠퇴하여 갔으나 신라와 고려시대에는 찬란했던 차생활문화의 바탕을 이룬 대렴이 열전(列傳)에도 오르지 못했으니, 생몰 연대조차 알 수 없고 성씨하며 어느 고을 태생인지도 알 길이 없습니다.

한국차인회 부회장을 지냈던 아인 박종한 선생이 이를 안타까워하여, 한국차인회에 발의하여 대렴공의 기념비를 차의 첫 재배지[始培地]인 화개동에 세운 것이 1981년 5월이었습니다. 신라시대 높은 벼슬아치면 대개 왕손인 경주 김씨일 것으로 추정하고 〈신라 견당사 김대렴공 차시배 추원비〉(新羅遣唐使金大廉公茶始培追遠碑)로 이름하니, 단성에 있는 〈삼우당 선생 면화시배 사적비〉(三優堂先生棉

花始培事蹟碑)와 비교됩니다.

서라벌 인근에도 차씨를 뿌릴 땅은 많았을 터인데, 왕은 왜 하필 험한 산골 화개동에 심으라고 명하였을까요? 물론 이곳은 대가람(大伽藍) 쌍계사가 있는 곳으로, 당시 쌍계사는 옥천사(玉泉寺)로 불렸습니다. 〈지리산 쌍계사기〉에는 "의상(義湘)의 제자인 삼법(三法; ?~739)이 당나라에 건너가 육조 혜능(六祖慧能)의 두상을 가져와 육조정상탑(六祖頂相塔)을 지어 모시고 성덕왕 23년(723)에 조그마한 암자를 창건하였다"라고 씌어 있습니다. 이것은 대렴공이 당나라에서 차 종자를 가져와 화개동에 심기 약 100년 전의 일입니다. 혜능은 달마로부터 6대째의 조사이므로 육조라 하는데, 그 두상을 가져와 모신 곳이라면 해동불교의 최고 성지가 아닐 수 없습니다. 그래서 그 탑전에 차를 공양할 수 있도록 흥덕왕이 화개동에 심도록 명한 것으로 차문화연구가 손상봉 선생은 추정하였습니다.

명차(名茶)와 명시(名詩)의 고향인 화개동 차밭에 차씨를 뿌린 사람이 흥덕왕 3년(828) 대렴공이라면 그것을 일구고 가꾼 사람은 누구였을까요? 차씨를 뿌린 지 약 5년 뒤, 진감선사(眞鑑禪師) 혜소(慧昭; 774~850)가 화개 골짜기로 들어와 삼법화상(三法和尙)의 뒤를 이었으니, 차밭을 가꾼 분은 아마 진감선사가 아닐까 하고 추측할 수 있습니다. 차를 즐겨 마신 진감선사는 절을 대가람 옥천사(玉泉寺; 정강왕 때 쌍계사로 이름을 바꿈)로 중창한 해동불교의 큰 별이었습니다. 그 생애와 행적이 지금도 쌍계사 마당에 남아 있는 최치원의 〈진감선사대공탑비〉(국보 제47호)에 기록되어 있습니다.

대렴공과 진감선사는 흥덕왕 시대를 같이 살았고, 고운(孤雲) 최치원은 진감선사가 입적한 지 7년 뒤에 태어나 외롭게 떠가는 구름

:: 하동 화개골 쌍계사의 〈진감선사대공탑비〉 —ⓒ마상철

처럼 신라 말기를 살았습니다. 진주 인근 화개동의 단천마을 입구 계곡과 쌍계사 입구 바위에 ['雙溪石門'], 그리고 산청 단성의 단속사(斷俗寺) 입구 암벽 ['廣濟嵒門'] 등에는 최치원이 새긴 글이 남아 있습니다. 최치원은 오랫동안 쌍계사에 머물면서 진감선사의 비문도 짓고 작설차와 더불어 살았기에, 진감선사와 함께 지리산 화개골의 차인(茶人)이라 할 수 있을 것입니다.

# 2 차 한 잔 마시기와 차문화

::밝은 사랑방 차실에서 찻물이 끓고 있다 －정

**하**루 일을 시작하기 전이나 일을 마치고 난 후 마음을 다잡으면서 차 한 잔을 마십니다. 다른 사람들과 마시는 경우도 있으나 차는 혼자 마신다는 데 독특한 즐거움이 있습니다. 그래서 예로부터 혼자 음미하는 것을 '신(神)하다' 하여, 최고의 의미를 부여해 왔습니다.

혼자 차 한 잔을 마시는 것이 차생활의 기본단위가 되고 '가장 작은 차회'라고 할 수 있겠습니다. 기본단위는 압축되어 있으면서 전체를 포괄합니다. 곧 부분으로서 전체와 소통합니다. 그것은 마치 아무리 큰 동식물이라고 하더라도 눈으로는 보이지도 않는 세포를 단위로 생명활동을 하는 것과 같습니다. 세포는 생명체의 구조적 기능적 단위로서 생명활동에 참여하며, 거대한 생태계를 구성합니다. 차생활의 기본단위가 되는 혼자 차 마시는 것을 '가장 작은 차회'를 연다고 하면, '가장 작은 차회'는 세포처럼 작용하는 생명력을 얻게 됩니다.

대부분의 인간 활동은 기본동작의 숙달을 요구합니다. 무수한 동작 가운데서 가장 효율적이고 경제적인 효과를 나타내는 동작을 가려내어 표준동작을 정하고, 그것을 극대화해서 기본동작을 만듭니다. 기본동작을 숙달하면 각각의 동작이 유기적으로 관련을 맺어 무한한 응용동작을 낳을 수 있습니다. 인류의 무형문화유산은 그렇게 이루어져 왔습니다.

따라서 차문화를 이해하고자 한다면 '가장 작은 차회'가 담고 있는 기본적인 명제를 분명히 해 둘 필요가 있습니다. 대부분 삶의 행위가 그러하듯이 차 한 잔을 마시는 것도 한 동작, 한 행위가 복합적이고 미묘합니다. 그러나 아무리 복잡하다고 하더라도 자신이 직접

물을 길어 와 청소를 하고 불을 피워 차 한 잔을 마시는 것이 차생활의 시작이요 끝이라 할 수 있습니다.

차맛이 '중'(中)의 성질이 있다고 하지만, 그렇다고 하여 어떤 것의 중간이 아닙니다. '오미'(五味)라 하여 씁쓰레하기도 하고, 떫기도 하고, 시큼하기도 하고, 짭짤하기도 하며, 또 달콤하기도 합니다. 다섯 가지 맛이면서도 한 맛으로만 치우침이 없는 일체미(一切味)를 가지고 있습니다. 차 한 잔은 인간세계에 영향을 주고 사물세계에 조형성을 부여하고 자연세계가 제대로 피어나게 합니다. 그러므로 그냥 차 한 잔 홀짝 마시고 마는 것이 아닙니다. 차 한 잔에는 부분과 전체를 통찰하는 힘이 있기 때문입니다.

'차 한 잔을 마시는 모습'을 그려 봅시다. '차 한 잔을 마신다'는 말보다는 '차회(茶會)를 가진다'는 말이 차 마시는 일을 대상화해서, 그 모습(조형성)을 이해하기 더 쉽게 합니다. 혼자 마신다고 해서 순전히 혼자 마시는 것은 아닙니다. 나 혼자 가지는 차회도 다음【그림】과 같은 연관구조를 가지고 있습니다. 차회라는 마당[場]이 마련되어야 하고, 나를 비롯하여 차와 찻잔이 있어야 합니다. 이를 기본 단위로 하여, 자유롭게 혼자 마시는 일 말고도 손님의 수나 주제에 따라 차회 규모를 결정할 수 있는 유연성을 가지게 됩니다. 차를 통하여 도를 이룬다는 차도(茶道)의 본체도 '나와 차 한 잔'의 가장 작은 차회에 있습니다.

가장 작은 차회에도 일상 생활에서 열심히 살아가는 자신을 포함하여 차도구를 비롯한 차의 예술세계와 자연 속에 일정한 차회의 공간을 필요로 합니다. 이와 같이 인간·예술·자연이 삼위일체가 되어 차를 마시며 차문화를 이루어 왔고, 또 그렇게 이루어 갈 것입니

【그림】차를 마시는 자세

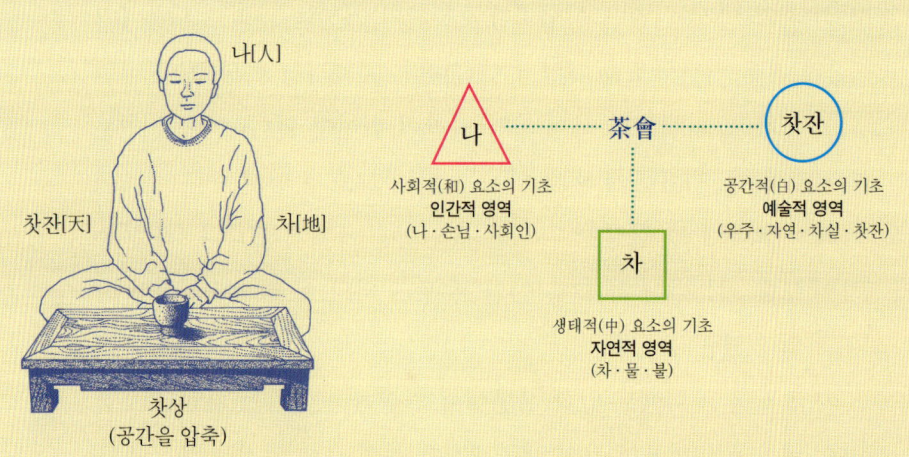

【그림】가장 작은 차회의 구조

다. 그러나 차문화라 하여 차에 집착하거나 차회라는 자리에 얽매인다면 지나친 형식주의로 말미암아 차생활의 본질을 잃고 각성의 세계에 이르지 못할 것입니다.

차 한 잔은 계절의 변화, 기분의 변화, 신체의 변화를 받아들이는 종합예술입니다. 그것은 자연과 자연의 조화, 자연과 인간의 조화, 인간과 인간의 조화, 인간과 사물의 조화, 사물과 사물의 조화, 사물과 자연의 조화를 요구하고 이룹니다. 차생활은 이론에 앞선 실천적 행위로 생활세계와 적극 연관되어 있습니다. 여기에다 과학·철학·예술이 더해진다면 더욱더 상승효과를 거두게 될 것입니다. 그렇게 하여 차문화는 '몸·마음·영혼'으로 얽혀 있는 인류의 보편적 고민에 동참하며 세계문화사에 기여하리라고 보는 것입니다. 차생활은 건강한 몸과 마음[心身]으로 각성의 생활을 추구하는 것을 목표로 합니다. 차는 인간과 예술, 그리고 자연의 영역을 소통시키고, 차 한 잔의 즐거움을 넘어 깨달음을 얻는 길로 이끌 것입니다.

차문화의 주체는 사람입니다. 차가 아무리 좋다고 하더라도 차 마시는 사람, 곧 차인(茶人)의 사람됨이 모자라면 차문화의 입지는 좁아질 수밖에 없습니다. 차인은 차의 맑고 담백함을 닮으려고 합니다. 그만큼 차는 사람의 정신세계와 연관되어 있습니다. 차를 통하여 자신을 수련하고 사회를 위하여 공헌해야 합니다. 어떤 행동으로, 어떻게 해야 할 것인가는 역사에 대한 바른 인식에 기초해야 할 것입니다.

차의 역사는 또 다른 삶의 역사입니다. 차문화는 차를 사랑한 사람들이 가꿔온 정신이며, 차와 관련된 예술이며, 차를 기르고 물을 공급하는 자연에 대한 이야기입니다. 한국의 차문화는 차와 연관된 총체적 삶이라고 볼 수 있습니다. 차인은 그 총체적 삶을 이끌어 가는 주체가 됩니다. 인간·예술·자연이 합쳐져 차문화의 역사를 이룬 것입니다.

누구나 차 한 잔을 통하여 도량을 넓혀 갈 수 있을 것입니다. 차의 맑음에서, 찻잔의 비어 있음에서, 차실에서의 배려에서 '관용'을 배울 수 있습니다. 차 한 잔은 사람들의 고단함을 풀어 주고 쉼터가 되어 새로운 활력을 얻도록 하는 '망중한의 활력소'가 되며, 소통과 용서의 힘을 줍니다.

한국 차문화의 역사에는 삶을 풍요롭게 하는 멋이 있고, 인권과 자존을 위한 노력이 있었습니다. 차의 자취를 따라가면 동양의 차문화도 이해하게 됩니다. 그러한 과정에서 오늘날의 바람직한 차인상(茶人像)도 그려볼 수 있을 것입니다.

# 3 동양의 차문화

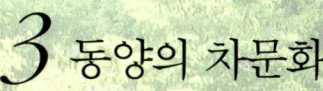

::한국 최고 차나무가 있는 곳에서 내려다본 화개골 차밭 —⑧

**차**의 세계는 한국만의 고유한 환경에서 독자적으로 이루어진 것이 아닙니다. 중국, 일본과 서로 문화를 교류하면서 쌓아온 보편적 음료문화입니다. 차를 좋아하고 그것을 닮아 가려는 차인들의 노력에서 차의 동양적 정신도 생겨나게 되었습니다.

차는 그 자체로 사람에게 이로운 면이 있지만, 그 정신은 차로부터 나온 것이라기보다는 차를 마시는 사람의 마음가짐에서 나온 것입니다. 우리에게는 예로부터 차를 신이나 부처님, 조상님께 올리고, 또 손님에게 대접하는 전통이 있었습니다. 이것이 '경'(敬)의 정신이고 이 정신을 우리 조상들이 소중하게 생각했던 것입니다. '차례'(茶禮)란 말도 아마 여기에서 유래했을 것이라 여겨집니다.

조선시대 말엽의 초의선사(草衣禪師; 1786~1866)는 다산 정약용보다 25세 아래요 추사 김정희와는 동갑으로, 주로 해남 대흥사 일지암(一枝庵)에 기거하며, 가루차(末茶, 抹茶; 해가림에 재배한 찻잎을 쪄서 말린 뒤 맷돌질하여 만든 차)나 단차(團茶; 찻잎을 익혀 절구에 찧고 뭉쳐 말린 차)보다는 잎차 위주로 차생활을 즐기며 우리 차에 대한 애정을 다양한 모습으로 나타내었습니다. 이를테면《동차송》(東茶頌)에서는 "차의 체(體)가 되는 탕수(湯水)와 차의 정수인 신(神)이 완전할지라도 중정(中正)의 도를 넘어서는 안 된다. 그리고 이 '중정의 도'라는 것은 차의 신기(神氣)와 참된 수성(水性)이 서로 잘 어울리고 융화된 것을 뜻한다"라고 하였습니다. 이 말은 지나쳐도 안 되고 모자라도 안 되는, 곧 중정의 도가 차의 정신임을 강조하고 있습니다. 효당(曉堂; 1904~1979)도《한국의 차도》에서 차의 본질은 '간 맞은 차 한 잔'을 제대로 마시는 것에 있다고 하면서 초의의 뜻을 되새기고 있습니다.

::초의선사 — 정

동양의 차문화

그러나 차의 정신은 따로 규정할 것이 아니라, 차를 마시는 과정을 진지하게 생각하면서 다른 사람을 공경하고 배려하는 마음을 배우고, 차가 주는 고요함과 즐거움을 실질적인 일상 생활과 조화시켜 나가면서 균형 잡힌 삶을 살아갈 수 있으면 그만입니다. 이것이 '간 맞는 차 한 잔'의 정신이라고 할 수 있을 것입니다.

신라시대부터 우리 조상들은 차를 통하여 멋을 즐기는 생활을 하였습니다. 경덕왕 시대의 충담사는 간단한 차구를 지니고 아름다운 자연을 찾아, 깨끗한 물을 길어 끓인 차 한 잔을 부처님께 올리며 그 향에 취했습니다. 고구려, 백제, 가야와 발해의 차문화에 대한 기록이나 연구는 부족하여 알기가 어렵지만, 고대 신라에서부터 오늘날까지 많은 차인들이 있었습니다. 대표적인 인물로 신라시대에는 충담사 말고도 진감선사, 최치원 등이 있고, 고려시대에는 '진주목'(晋州牧)이라는 행정구역을 정한 성종 임금이 있습니다. 성종은 손수 가루차를 만들어 마셨고, 차를 너무 즐긴 탓에 〈시무 28조〉를 올린 최승로로부터 쓴소리를 듣기도 하였습니다. 또 고려의 대문호 이규보가 있고, 연경의 만권당에서 조맹부와 사귄 이제현, 삼우당 문익점의 친구 이색 등이 있습니다. 그리고 조선시대에는 김종직의 문하생으로 〈차부〉(茶賦)를 지어 차를 노래한 이목, 차시(茶詩)를 남긴 서산대사와 사명당, 실학의 선구가 된 이익, 정조대왕의 사랑을 받은 박지원, 정약용이 있고, 초의선사의 친구 추사 김정희, 그리고 제주도에 유배 중인 추사에게 북경의 좋은 책(최신판)을 전하려 그 먼 길을 예사롭게 드나들었던 제자 역관 이상적이 있습니다. 조선시대 후반, 나라를 걱정하며 살던 실학의 선구자들은 차를 특별히 더 좋아하였습니다.

차의 정신은 나라마다 사람마다 다릅니다. 신라 경덕왕 때 충담사가 있듯이, 거의 같은 시대인 당 현종 때에 육우(陸羽; 733~804)가 있습니다. 중국의 차성(茶聖)으로 불리는 육우는 안진경·교연·장지화 등과 교우했는데, '안진경체'로 유명한 안진경은 세계 최초의 차실이라고 할 수 있는 '삼계정'(三癸亭)을 특별히 육우에게 지어 주었습니다. 육우는 모든 차서의 모본(母本)이라고 할 수 있는 《차경》(茶經, 760년쯤)을 남겼습니다. 책에는 차 자체는 말할 것도 없고 차도구를 만들고 보관하는 행위까지 자세하게 적고 각 항목마다 의미를 부여하였습니다.

중국의 차문화는 시대마다 독특하게 나타났습니다. 찻잎을 따는 방식도 당대(唐代)에는 밝은 대낮에 따고, 송대(宋代)에는 해 뜨기 전에 따서 찻잎을 분류하여 각기 다른 품질의 차를 만들었습니다. 차를 만드는 법 또한 달라 당나라 때에는 병차(餠茶)라 하여 찻잎을 따서 살짝 찌고 절구로 찧어 틀에 넣고 손으로 두드리거나 눌러서 떡 모양의 차를 만

:: 《차경》의 저자 육우 – 정

동양의 차문화  29

들어 냈습니다. 네모, 동그라미, 꽃 모양, 특별한 무늬를 넣은 것도 있습니다. 송나라 때에는 단차(團茶)로, 병차와 비슷하나 훨씬 세밀한 공정을 거쳐 만들어 냈습니다.

차 마시는 방법도 달라, 당나라 때에는 끓는 물에 가루차를 넣고 소금 등으로 가미하여 끓이다가 잔에 부어 마시는 자차법(煮茶法)이었고, 송나라 때에는 가루차를 잔에 넣고 찻솔[茶筅]로 저어서 거품을 내어 마시는 점차법(點茶法)이 있었습니다. 명·청대는 방식이 크게 변하여 오늘날과 같이 엽차(葉茶, 잎차)를 작은 차호에 넣고 우려내어 마시는 포차법(泡茶法) 또는 전차법(煎茶法)이 되었습니다.

엽차는 중국 상고시대부터 있었지만 선비나 귀족의 환영을 받지 못하고 몇몇 지방에 전해 내려왔을 뿐입니다. 그런데 평민 출신이었던 명 태조(朱元璋; 재위 1368~1398)는 단차를 만드는 과정이 너무 복잡한 데다 많은 인력을 필요로 했기 때문에, 폐해가 너무 컸다는 것을 알고 단차 만드는 것을 중지시켰습니다. 그 대신 엽차를 보급하여 귀족이나 선비들이 즐겨 마시게 되면서 점차법 대신에 포차법이 성행한 것입니다.

차문화의 발전에 힘입어 차도구도 달라집니다. 당대 자차법에는 세 발 달린 차기가 쓰였는데, 이것은 금이나 은, 주석으로 만들어진 것입니다. 송대 점차법에는 막사발처럼 된 찻잔이 쓰였고, 명·청대에는 오늘날 시중에서 흔히 볼 수 있는 중국 차기가 즐겨 쓰였습니다. 의흥(宜興)에서 나는 빨간색 작은 주전자인 자사호(紫沙壺)는 특히 유명합니다.

청대에는 명대의 포차법을 한층 발전시켜서 공부차(工夫茶) 마시는 법을 창안하여, 전에 사용하던 차구들을 개선하였습니다. 재료와 공정에 세심한 주의를 기울이고 조형미를 더욱 연구하여 차기의 품질, 예술적 가치를 높여서 중국의 차문화를 향상시켰습니다.

차의 음용 방식이 달라지니 찻잔을 비롯한 차도구의 종류도 눈에 띄게 달라지는 것이 당연합니다. 그에 따라 행위와 동작도 달라지고, 차에 대한 인식도 자연히 바뀌어 갔습니다. 그러나 시대마다 마시는 방법이 다양하게 변화하여 왔음에도 많은 사람들은 중국의 차정신을 '중용검덕'(中庸儉德)이라고 일관되게 표현합니다.

일본의 차문화는 초기에 우리나라의 영향을 받았고, 막부시대에는 중국, 특히 송나라의 말차 마시는 풍습(점차법)을 받아들였습니다. 도요토미 히데요시(豊臣秀吉; 1536~1598)의 차 선생이었던 센 리큐(千利休; 1522~1591)가 차의 정신과 예법을 확립했다고 봅니다. 임진왜란을 도자기 전쟁으로 보는 데서 당시 유행하던 차문화의 강도를

::센 리큐 - 정

느낄 수 있습니다.

  그의 제자 난보 소케이(南方宗啓)가 쓴 《난보로쿠》(南方錄)는 스승을 가까이 모시면서 듣고 보며 익힌 차도의 소양을 기록한 책으로, 일본 차도의 성서라고도 합니다. 센 리큐는 조선의 찻잔을 사랑했고 조선 민가를 본떠 차실(茶室) '다이안'(待庵)을 지었습니다. 차의 정신을 '와비'(侘び), '사비'(寂び)라 하여 질박하고 한적한 풍취를 귀하게 여겨서 구체적으로는 '화경청적'(和敬淸寂)이라 표현하였습니다. 이것은 지금도 일본 차도의 핵심사상입니다. 점차법과 달리 달여 마시는 전차법도 있었는데, 주로 문인들이 품질 좋은 차를 맛보면서 시문이나 서화, 관현을 즐겼습니다. 전차도(煎茶道)의 시조는 선종인 황벽종(黃檗宗)의 스님인 차 파는 늙은이 시바야마 겐쇼(紫山元昭; 1675~1763)로, 그는 빈부귀천을 따지지 않고 늘 밝은 얼굴로 차를 달여 주었다고 합니다.

  전국시대(戰國時代)와 한적한 차생활! 전쟁터의 피비린내 나는 살육과 초암(草庵) 차실의 담담한 차 한 잔은 마치 히데요시와 센 리큐처럼 너무나 대조되어 보입니다. 이러한 극단적인 대립을 완화하는 것은 주인과 손님의 관계가 한치의 빈틈도 주지 않는 긴장 속에서 가지는 여유입니다. 당시 그들의 차생활이란 곧 긴박한 접대문화로 볼 수 있을 것입니다.

# 4 차의 역사와 진주

:: 한국에서 가장 키가 크고 오래된 차나무(표지석 바로 위, 하동군 화개면 정금리 도심마을) - 정

**차**의 원산지는 중국 서남부와 인도 동부 또는 동남아 일대로 보고 있습니다. 이에 대해서는 물론 의견이 분분하지만, 중국은 차의 기원을 주(周)나라 때로 보고 있습니다. 우리나라의 경우에 확인할 수 있는 가장 앞선 기록으로는 《삼국유사》〈가락국기〉가 있습니다.

이 책에서 신라 문무왕 1년(661)에 수로왕 제사를 지내면서 술, 단술, 떡과 밥, 과일 등과 함께 '차'를 올렸다고 합니다. 그리고 신라 경덕왕 24년(765)에 남산 삼화령의 미륵세존께 차를 올리고 차도구를 걸망[櫻筒]에 담아 메고 돌아오는 충담사(忠談師)와 경덕왕의 대화도 자세하게 묘사되어 있습니다. 곧 조상을 위한 제물로 차를 쓴 문무왕 시대나 미륵세존께 차를 올린 경덕왕 시대에는, 차를 다 의식차(儀式茶)로 썼음을 알 수 있습니다. 또 바로 여기에서 우리는 조상님께도 부처님께도 차를 올릴 수 있다고 하는 널리 퍼진 차문화를 엿볼 수 있습니다.

급하게 왕의 부름을 받은 충담사는 차 한 잔을 마시고 싶어 하는 왕의 요구에 응하였습니다. 바로 향이 가득한 차를 달여 드림으로써 그 자리는 아주 자연스러운 만남이 되었습니다. 이는 차 달여 내는 솜씨가 능숙해야 할 뿐만 아니라, 손에 익은 차도구 또한 제대로 갖춰지지 않으면 그렇게 할 수 없는 것입니다. 만약 차를 낼 때 궁중의 협조를 받았다면 신명나는 차회(茶會)가 되지 못했을 것이고, 기록으로 남길 가치조차 없었을 것입니다. 그리고 이어서 〈안민가〉를 지어 바치는 충담사의 시원한 행동은 바로 차생활로 다져진 그의 멋스러움으로, 이는 〈찬기파랑가〉를 통해서도 잘 알려져 있습니다.

다시 말하면, 이미 신라시대부터 조상님께 올리는 유가적인 차와

세존께 올리는 불가적인 차, 곧 헌차를 위한 의식차뿐만 아니라 풍류를 위한 생활차가 있었다고 짐작됩니다.

그렇다면 우리나라에는 언제부터 차가 있었을까요. 《삼국사기》 기록에는 "신라 흥덕왕 3년(828) 당에 들어갔다가 돌아오는 사신 대렴이 가지고 온 차나무 씨앗을 왕이 지리산에 심게 하였는데, 차는 선덕왕(632~647) 때부터 있었지만 이때 와서 크게 유행하였다"고 쓰여 있습니다. 선덕왕 때는 차가 일반 백성에게까지 유행하지 않았다손 치더라도 귀족 사회에서는 이미 상당 수준 애용되었을 것으로 추측됩니다. 왜냐하면 신라는 해상왕 장보고의 거대한 무역활동을 포함하여 당나라와 활발하게 교류하였고, 문무왕 때 제물로 차가 올려졌다는 사실을 보아도, 당에서 수입된 차이거나 우리 땅에서 재배된 차이거나 간에 이미 신라 사회에 차생활이 널리 퍼져 있었음을 말해 주기 때문입니다.

중국의 역사를 살펴보면, 차에다 처음 세금을 매긴 것이 당나라 정원(貞元) 9년(793)쯤이고, 이어서 차의 전매가 이루어졌습니다. 그러므로 당시 생산되고 유통된 차의 양은 우리로서는 가늠하기 어려울 정도로 많았을 것입니다. 중국 궁 안 창고에는 각 지방에서 올라온 엄청난 양의 고급차가 쌓여 있었을 것이고, 당에 유학 간 많은 학승들이나 사신으로 자주 들른 귀족들이 차문화의 매력을 그냥 지나쳤을 리 없었을 것입니다.

한국에 자생차가 있었느냐 없었느냐 하는 문제는 답하기 매우 어려운 문제입니다. 다만 차가 오래전부터 있었던 것은 사실이며, 신라가 통일되기 이전에 상류층에서는 차 마시기가 다반사여서 제물로 올릴 정도가 되었다고 추정할 따름입니다. 아마도 처음 보는 낯선 차를 제물로 쓰지는 않았을 것입니다.

그런데 "차는 선덕왕 때부터 있었지만"이라는 말은 좀더 신중하게 고찰해 보아야 할 내용이라 봅니다. 해석하기에 따라 그것이 자생차인지 옮겨 심거나 수입된 차인지 달라지기 때문입니다. 어쨌든 그 말은 흥덕왕 이전에는 차가 수입되어 금값 이상으로 비쌌거나 산지 규모가 작아 백성까지 마시기에는 아주 적은 양의 차가 생산되었다는 뜻으로 이해됩니다. 또 "흥덕왕 때 와서 유행하였다"는 말은 흥덕왕 시대에 이르러 왕명으로 차를 심을 정도로 차산업이 국가적인 사업으로 성장하였을 뿐만 아니라, 대량 생산할 수 있도록 새로운 대규모 차 재배지를 조성하였다는 뜻으로 이해됩니다.

::한국에서 가장 키가 크고 오래된 차나무의 밑둥치 부분 – 창

흥덕왕 3년 12월에, 당 문종이 신라의 사신을 인덕전으로 불러 연회를 베풀었으며, 물품도 차등 있게 내려 주었다고 《삼국사기》는 기록하고 있습니다. 일을 마치고 돌아올 때 대렴공이 차씨를 가져 온 것은 미리 왕의 명령을 받은 것으로, 많은 양을 가져왔을 것으로 봅니다. 그것이 오늘날 산청군 덕산의 지리산 자락과 하동군 화개 지리산 골짜기에서

흔히 볼 수 있는 야생 차나무의 원류가 된 것으로 생각됩니다. 지금도 화개골에는 500년 이상 된 것으로 추정되는 차나무(2006년 6월, 밑둥치 둘레 약 60센티미터, 높이 약 450센티미터)가 자라고 있습니다.

이렇게 차는 이미 오래전 삼국시대에 지리산에 뿌려졌습니다. 그때 뿌려진 차는 먼 이국의 이야기가 아니고 바로 내가 사는 고장, 우리들의 이야기가 되었고, '진주 차맛'의 뿌리가 되었습니다.

차와 진주를 이야기할 때면, 다산(茶山) 정약용(丁若鏞; 1762~1836) 선생을 떠올리지 않을 수 없습니다. 젊은 시절 차인(茶人) 다산에게 진주란, 즐거움을 안겨 주고 우국충정의 정신을 느끼게 해 준 곳입니다. 더구나 진주에서 아버지까지 여의면서 마음속 깊은 곳에 큰 충격을 준 고장이기도 합니다. 차를 즐겨 마셨던 다산은 차의 역사를 상고하여 한국에서 차를 처음으로 재배한 곳이 지리산 화개동임을 밝히기도 하였습니다.

1780년 초봄에 다산의 아버지 정재원(丁載遠)은 연천, 화순 현감을 거쳐 경상도 예천 군수가 되었습니다. 그리고 그때 마침 장인 홍화보(洪和輔)도 경상우도 병마절도사(지금의 관구사령관급에 해당함)로서, 병영이 있던 진주에 주둔하고 있었습니다. 이런 인연으로 다산은 처음으로 진주를 방문하게 되는데, 당시 나이 19세였습니다. 장인의 환대를 받으며 촉석루에도 올라 보고 무원고성(無援孤城)에서 장렬히 전사한 장졸과 백성을 생각하며 비통에 젖은 글, 〈촉석루연유시서〉(矗石樓讌遊詩序)를 남겼습니다. 그뿐만 아니라 삼장사(〈촉석회고〉), 논개(〈진주의기사기〉)의 의로운 죽음을 위로하기도 하였습니다.

다산은 28세가 되던 해에 대과에 급제하여 나라 안에 이름을 날렸

::다산 정약용 — 정

::다산초당 (전남 강진에 있음) — 정

고 그뒤 한림(翰林)으로 발탁되면서 세인의 촉망을 한몸에 받았을 무렵인 1791년에 그의 아버지도 벼슬이 올라 진주목사로 부임합니다. 그러면서 그는 진주와 다시 인연을 맺게 됩니다.

1792년 3월, 31세의 다산은 관리로서 최고 명예인 옥당, 곧 홍문관의 학사로 뽑혀 수찬(修撰)에 임명되었으나, 4월 초아흐렛날 아버지가 진주의 임지에서 운명하였습니다. 세 번째로 다산이 진주를 찾은 것은 아버지의 시신을 운상(運喪)하기 위함이었습니다. 이제 막 홍문관 학사로 학문과 재주를 겨루며 아버지를 기쁘게 해 드릴 때인데, 아버지는 63세의 일기로 진주 관아에서 세상을 뜨고 말았던 것입니다.

이러한 의미에서도, 선생에게 진주는 환희와 충의와 비통을 함께 가져다 준 고장이고, 목민관 노릇의 중요성도 이 시기에 크게 깨치는 계기가 되었으리라고 추측합니다. 그리고 전남 강진에 유배되어 차와 진솔한 인연을 맺은 다산초당(茶山草堂) 시절은 학문 완성의 시기로 볼 수 있습니다.

# 5 진주의 차맛

∷차 따는 할머니 (지리산 덕산 신천골) - ⑶

'**진**주 차맛'이라고 하여 무슨 특별한 맛이라고 할 수 있겠습니까만, 진주(강우) 지역 풍토에서 자란 차나무에서 딴 찻잎으로 그 지역 사람들이 차를 만들어 마시고 즐겨 온 것이고, 또 그렇게 즐기는 사람에 따라 차의 정신도 생겨나면서, 진주 지역의 특수한 차문화가 형성된 것이라고 할 수 있습니다. 일부 진주 지역 사람들의 영감과 정열이 차로 향했던 결과이기도 합니다. 보편적인 차가 진주 지역 기후풍토와 함께 '진주 차맛'이라는 특수한 멋을 형성하게 된 것입니다. '진주 차맛'은 진주 지방의 차가 내는 맛으로 표현됩니다.

하동의 지리산 동쪽 바로 너머에 있는 산청 덕산에 가면, 그늘에서 비벼 말린 차(일명 雀舌茶, 일쇄차, 약발효차, 황차)를 한지봉지에 싸서 방에 보관해 놓고 약차로 씁니다. 덕산을 거쳐 천왕봉 가는 도중에 있는 신천마을 부근에서는 오뉴월이면 할아버지·할머니들이 차 따고 만드는 일로 부산합니다. 요즈음은 수요가 제법 있으니까 야생차로는 모자라 차밭을 일궈 공급량을 늘렸습니다.

그곳 어르신들은 차를 마시는 특별한 격식이 없습니다. 큰 주전자에 차를 넣고—맹물에 바로 차를 넣고 끓이든지 물을 끓여 차를 넣든지 상관없이—펄펄 끓여 큰 유리컵에다 가득 부어 줍니다. 때로는 도시락통에 든 설탕을 내밀면서 타서 먹어 보라고도 하십니다. 1970년대 하동 쌍계별장에서 마시던 차와 비슷한 것입니다. 필자가 이따금 차를 사러 가는 집 할아버지는, "아주 어릴 때부터 작살(작설차, 말린 차)을 집에 상비해 두고 가족 중에 누군가가 배가 더부룩하거나 몸이 으스스하고 감기 기운이 돌 때면 작살차 한 사발이 직방이라(금방 낫는다)"고 말씀하십니다.

사천시에서는 효당 스님이 계시던 곤양 다솔사를 군립공원으로 지정하고 투자하여, 차의 명지로 꾸려 가고 있습니다. 다솔사에서는 중국 라후족의 죽통향차(竹筒香茶) 제조법을 참고하여 연구한 끝에, 1996년 봄에 '죽향차'(竹香茶)를 개발하여 법제하였습니다. 기름기 없는 담백한 음식을 위주로 먹는 절집에서는 차의 성질이 차가워서 덖음차[釜炒茶]는 자주 마시면 위에 부담을 줄 수 있습니다. 이러한 점을 보완하기 위해 다솔사 정기가 서린 산자락의 굵은 대나무를 사용하여 만든 것이 곧 '죽향차'입니다. 죽향차의 맑은 향기, 은은한 풍미, 부드러운 성질은 마시면 마실수록 사람들의 심신을 편안하게 해 줍니다. 이 차는 물 온도를 뜨겁게 해서 우려 마시면 좋다고 합니다.

다양성 측면, 변해 간다는 측면에서는 그 죽향차도 좋겠지만, 다솔사라는 곳에서는 여전히 효당의 법제 방식대로 차가 만들어져, 지금

:: 화개골에서 반야로차를 쇠솥에 덖고 있는 채원화 원장 (가운데) — ㉠

도 누구나 큰방에 앉아 효당이 계실 때처럼 넉넉하게 차 한 잔 마실 수 있다면 얼마나 좋겠습니까. 다행히 다솔사 너머 용산마을에는 효당 스님의 법제 방식에 따라 차를 만들고 있는 분이 있습니다. 서울 관훈동에서 '효당가 반야로 차도문화원'을 운영하는 채원화 원장입니다. 이 분은 봄이면 서울에서 내려와 차를 만들어 내는데, '반야로'(般若露)라 하여 어느 정도 자란 새잎을 재료로 합니다. 처음에는 화개동 범왕리 골짜기에서 십수 년을 만들어 오다가, 지금은 다솔사 옆 그곳으로 옮겼습니다. 칠불사 아래 범왕리에서 차를 만드는 동안에는 화개동 차가 새롭게 발전할 수 있는 기틀을 닦았습니다. 법제 과정을 옆에서 오랫동안 지켜본 필자로서는 차 만들기 정성은 이와 같아야 한다고 생각합니다.

'반야로' 차 이야기를 덧붙여 봅니다. 차 잡지 《차도》(茶道, 2001년 7월호)에도 실린 적이 있지만 널리 알려진 내용이 아니기 때문에 좀 소상히 밝혀 두고자 합니다.('반야로' 만드는 과정 참조)

채원화는 이렇게 20여 년을 한결같은 마음으로 차를 만들어 왔습니다. 그의 차는 효당 스님이 그랬던 것처럼, 어린잎이 아니라 5월 초에서 6월 초까지 나오는 찻잎을 따서 정성껏 만드는 데 제 맛이 있습니다. 계속 반야로 차를 마셔 온 사람들은 이 차의 색·향·미가 한 단계씩 더 깊어지는 느낌이 든다고 합니다. 이는 차 만드는 일은 마음 닦는 것과 같다는 간절한 발원이 스며들기 때문인지도 모릅니다. 그는 차공부의 핵심이 '공수선차'(共修禪茶)라고 말합니다. 그렇게 만들어진 차가 거기에 어울릴 수밖에 없는 것 같습니다.

좋은 차는 화개동이나 다솔사 부근 말고도 하동 악양, 양보, 그리고 산청 덕산에도 많이 있습니다. 2001년에 조사한 바에 따르면 진

### 〈'반야로' 만드는 과정〉

'반야로'는 처음부터 덖거나 찌지 않고 뜨거운 물에 살짝 데치는 독특한 방법으로 만들어진다. 맑은 날 이른 새벽부터 서둘러 차를 따다가, 데친 뒤에 말렸다가 가마솥에서 다시 덖고, 따뜻하게 데운 방에서 차를 말리고 선별해서 차통에 넣는 것으로 작업을 마친다.

반야로 차는 우리나라 현대 차도의 중흥조라 할 수 있는 효당 스님이 마련한 제차법으로, 현재는 채원화 원장이 그 유지를 받들어 맥을 이어가고 있다. 그 법제 과정은 대체로 다음과 같다.

▷ **먼저 작업 준비를 한다.** 제차 때 쓰이는 소도구, 즉 솥에서부터 대비구니, 장갑, 면행주, 대자리, 주걱 등을 깨끗하게 씻어 쨍쨍한 햇빛에 말린다. 아울러 만드는 이의 몸가짐과 마음도 정갈하게 한다.

▷ **차밭에서 찻잎를 딴다.** 경남 사천시 곤명면 용산리에 있는 봉명산(鳳鳴山), 신라 때의 고찰인 다솔사 뒤쪽을 감싸고 있는 이 산은 예로부터 산형이 수려하기로 이름난 곳이기도 하다. 반야로 차의 재료가 되는 차나무는 봉명산 다솔사 너머 산기슭 차밭 4천여 평에 드문드문 무리를 이루며 야생 상태로 튼실히 자라고 있다. 찻잎을 따는 시기는 보통 입하 전인 4월 말에서 5월 말 무렵으로, 너무 어린 싹보다는 일창일기(一槍一旗; 차싹 하나에 어린 잎이 하나 달린 것)나 일창이기를 사용한다.

▷ **찻잎을 골라낸다.** 바람이 잘 통하는 바깥 그늘에 찻잎을 펼쳐 놓는다. 신선하고 연한 잎인 만큼, 채집 후에도 호흡작용을 하므로 너무 두껍게 펼쳐 놓으면 바람이 잘 통하지 않아 잎에 화학 변화가 일어나므로 가능한 얇게 널어 놓는다. 이 과정에서 묵은 줄기나 상한 잎을 골라낸다.

① 차 따기 준비 - ⓒ마상철

▷**찻잎을 모아 데친다.** 이렇게 선별한 잎을 가지고 반야로 제차과정 중에 가장 중요한 데치기 작업에 들어간다. 먼저 가마솥에 적당량의 물을 부어 장작불로 끓인다. 물이 펄펄 끓을 때 대바구니에 찻잎을 담아 야채를 데치듯 쑥 담갔다가 들어내 물기를 뺀 다음, 위아래를 뒤섞어 다시 한 번 데쳐 낸다. 이때는 3, 4분으로 끝나는 작업이지만, 채원화 원장의 말을 빌리면 열탕에서 짧은 순간에 이루어지는 데다, 찻잎을 담고 물을 빼는 과정에서 화상을 입을 수도 있기 때문에, 호흡을 단전까지 내려 아주 집중한 일심(一心)의 상태여서 말조차 걸 수 없다고 한다. 이렇게 데쳐진 찻잎은 맑은 녹색을 띠며 풋냄새가 가신다.

▷**찻잎을 널어 말린다.** 데쳐진 바구니의 찻잎은 물기를 어느 정도 빼고 미리 준비한 화문석에 넌다. 물기가 빠졌다고 하지만 찻잎은 매우 뜨거우므로 나무주걱으로 잘 펴서 말린다. 널어 말리는 작업은 3시간 정도로 이루어지는데, 군데군데 뭉쳐져 있는 찻잎을 풀어 주고 골고루 뒤섞어 잎이 고르게 마르도록 하는 데 중점을 둔다.

②따 온 찻잎을 데치고 잡티를 골라낸다 —ⓒ마상철

③가마솥에 차 덖기 —ⓒ마상철

④차 비비기 —ⓒ마상철

⑤차 말리기 —ⓒ마상철

▷**차를 덖는다.** 통풍이 잘 되는 그늘에 널어 찻잎을 데치는 가마솥 말고 따로 마련된 큰 가마솥에서 이루어지며, 기존의 덖음차 공정과 흡사하지만 몇몇 부분은 차이를 보인다. 통상 덖음차의 경우는 생엽을 높은 온도에서 덖으므로 비교적 짧은 시간에 완성되지만, 반야로는 데쳐 말렸다고 해도 어느 정도 젖은 잎을 덖기 때문에 시간이 많이 걸린다. 또 비비는 공정도 덖음차의 경우는 솥 밖에서 이루어지지만 반야로는 덖음과 비비는 공정이 솥 안에서 이루어진다.

중간 단계에서 솥 안에 무명 보자기를 깔고 덖은 찻잎을 담아 한동안 싸 두는 과정은 차의 향이 서로 잘 어우러지도록 하는 것이고, 장작불을 사용하는 것은 목향이 차와 조화를 이루도록 하기 위함이다.

장작으로는 주로 참나무, 소나무, 밤나무 등이 쓰이는데, 차를 만들기 전 해에 미리 주문해서 사 둔 잘 마른 것을 가려서 사용한다. 장작불로는 솥의 온도를 조절하기가 어렵지만 목향의 자연향이 찻잎과 잘 어울리는 성질이 있어 좋다.

▷**방안에서 말린다.** 이렇게 덖기를 끝내면 깨끗한 방안에서 며칠 동안 말린다. 이때 방의 조건으로는 일체의 잡냄새가 없는 곳으로 적당한 온도 유지와 함께 통풍이 잘되는 곳이어야 한다. 이 공정을 통해 제차과정에 생길 수 있는 잡맛을 없애는 동시에 띄우는 과정에서 차가 어우러지면서 깊고 부드러운 맛으로 숙성된다.

차를 만드는 동안은 하루도 빠지지 않고 목욕재계하고 백팔배를 하면서 발원한다. "이렇게 만들어진 차가 사람들에게 묘약이 되도록……, 그래서 차를 통해 모든 이들이 해원상생(解怨相生)할 수 있도록……."

⑥ 차를 말리면서 숙성시키기 −ⓒ마상철

⑦ 골라서 봉지에 담기 −ⓒ마상철

::공수선차 – 청

주 인근 하동·산청·사천 지역에서 차를 생산하는 곳은 공식적으로는 50여 곳이 되고, 비공식적으로는 200여 곳이나 된다고 합니다.

오늘과 같은 차는 1970년대까지 거의 찾아보기 어려웠습니다. 절이나 농가에서 수제차를 만드는 특별한 경우를 빼고는 화개제다 홍소술씨가 덖음차 위주로 차를 만들기 시작하였습니다. 뒤이어 쌍계제다나 고려제다와 같이 규모 있는 공장이 상품을 내놓았습니다. 그런데 앞서 말한 대로 칠불사 아래 범왕리마을(관향제다)에서 채원화 원장이 엄격한 법제 방식으로 만든 '반야로'라는 차를 선보이면서, 화개동에서 나는 차는 생산과 품질, 관리 면에서 새로운 도약을 하게 됩니다. 이로써 예로부터 전해 내려오는 약차인 말린차[日曬茶]에다 덖음차와 찐차[蒸製茶]의 기술이 보태져, 명실상부한 전반적인 녹차 만드는 기술이 지리산자락에서 완성되었습니다.

우리나라에서 찻잎을 따서 차를 만들 수 있는 시기는 곡우가 있는 4월 말에서 9월 백로까지입니다. 그러나 4, 5월 봄에 거의 마칩니다. 고급차가 되는 첫물차는 4월 하순에서 5월 상순에 만들어지며, 어린 싹과 잎으로[槍과 旗] 만들어서 눈작, 세작 또는 작설(雀舌; 새 혀 모양의 어린잎이라는 뜻), 우전(雨前; 곡우 이전)으로 불립니다. 두물차[中雀]까지는 봄차로서 좋은 차가 되지만, 그뒤에 만들어진 차는 품질이 크게 떨어집니다. 중작보다 큰 잎을 따서 만든 거친 차[대작, 왕작]나 더 큰 잎이 대부분인 막차는 값이 싸서 여러 사람이 음료수처럼 마실 수 있습니다.

그러나 잎이 크다고 해서 품질이 떨어진다고는 할 수 없습니다. 다섯 가지 맛을 고루 갖춘 차는 어느 정도 잎이 자란 것을 따서 법제 방식에 맞게 정성스럽게 만든 것입니다. 그러므로 너무 어린잎으로 만든 고급차만 찾는 일은 꼭 좋다고만 할 수 없을 것입니다. 효당의 경우 오늘날처럼 어린 찻잎을 따서 차를 만드는 것을 보지 못했습니다. 얇지 않고 깊은 맛이 있어야 차의 매력을 잃지 않을 것입니다.

1970년대 다솔사에서 효당 스님이 직접 차를 만드실 때 필자도 참여하여 법제 과정을 기록하여 둔 것이 있는데, 앞서 언급한 채원화 원장의 설명과 함께 참고가 될 것입니다.

## 〈효당스님 제차법〉

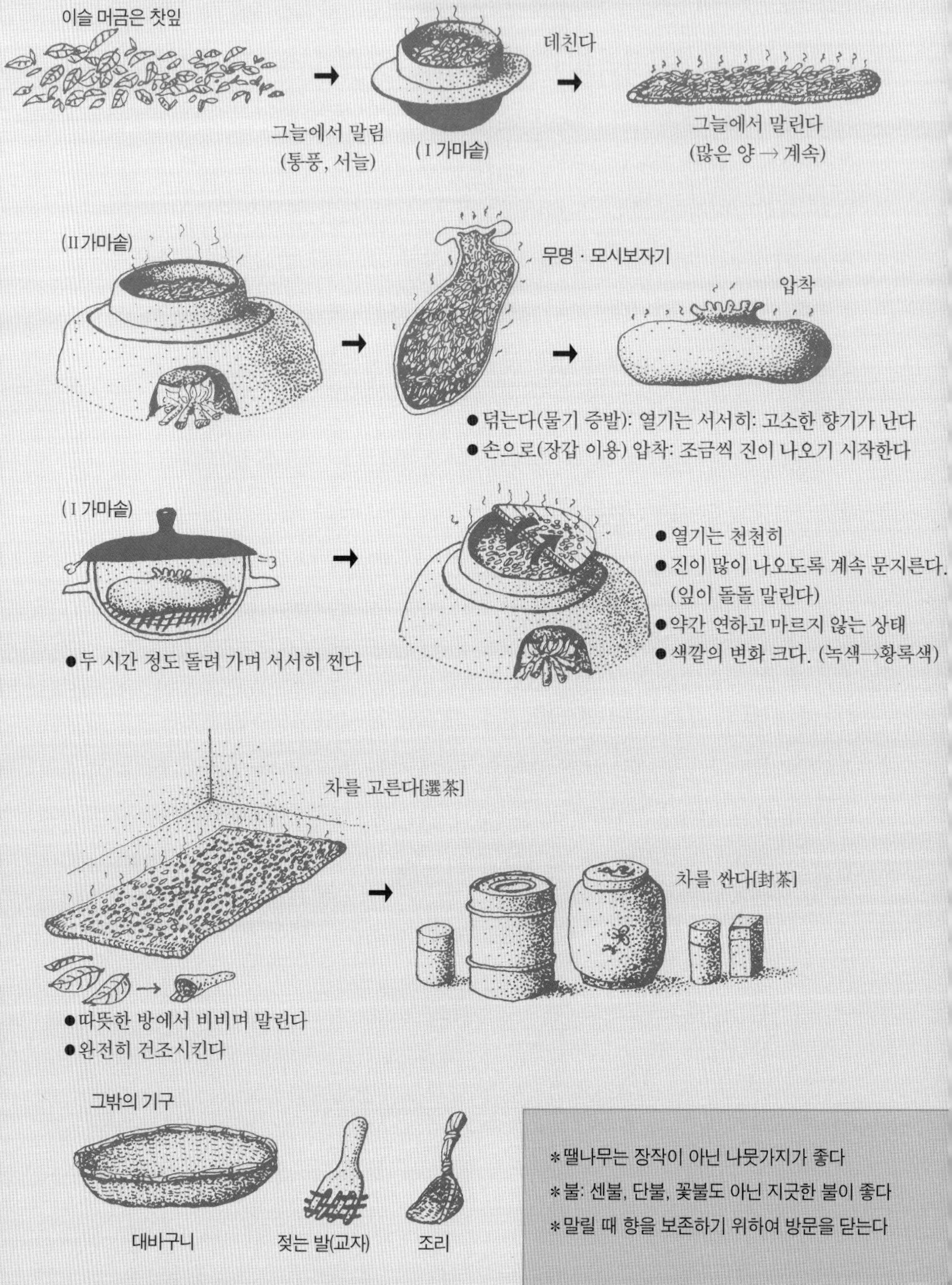

이슬 머금은 찻잎 → 그늘에서 말림 (통풍, 서늘) → (I 가마솥) 데친다 → 그늘에서 말린다 (많은 양 → 계속)

(II 가마솥) → 무명·모시보자기 → 압착

- 덖는다(물기 증발): 열기는 서서히; 고소한 향기가 난다
- 손으로(장갑 이용) 압착: 조금씩 진이 나오기 시작한다

(I 가마솥) → 
- 두 시간 정도 돌려 가며 서서히 찐다

- 열기는 천천히
- 진이 많이 나오도록 계속 문지른다. (잎이 돌돌 말린다)
- 약간 연하고 마르지 않는 상태
- 색깔의 변화 크다. (녹색→황록색)

차를 고른다[選茶] → 차를 싼다[封茶]

- 따뜻한 방에서 비비며 말린다
- 완전히 건조시킨다

그밖의 기구

대바구니    젖는 발(교자)    조리

* 땔나무는 장작이 아닌 나뭇가지가 좋다
* 불: 센불, 단불, 꽃불도 아닌 지긋한 불이 좋다
* 말릴 때 향을 보존하기 위하여 방문을 닫는다

# 6 진주 차맛을 만든 사람들

다솔사 차밭

**특**정한 '진주 차맛'은 없습니다. 물이나 흙과 같이 차도 진주에만 있는 것이 아닙니다. 진주 지역에서 난 차를 마시며 즐긴 사람들이 있고, 또 그와 얽힌 이야기들이 진주 차맛을 냅니다. 진주 차맛은 그저 진주 지역 사람들이 차를 즐기면서 만들어 낸 좀 유별난 차생활입니다. 또 달리 말하자면 진주 사람들이 들려주는 '알뜰한 살림살이 방법'입니다. 그것은 차밭을 가꾸어 차를 만들고 차나무를 연구하며 차책을 펴내고, 차생활 도구들을 만들어 보여주고 차를 사랑하며 차 마시기 운동을 해 온 사람들이 있었기 때문에 생겨날 수 있었습니다.

차를 사랑한 진주 사람들은 일상 생활에서 마음마다, 일마다, 물건마다 차의 향이 배어들기를 바랐습니다. 차 한 잔은 그렇게 형태가 되고 사유가 되어 '진주 차맛'이라는 특별한 멋이 만들어졌습니다. '진주 차맛'은 마치 마당놀이와 같이 진주 사람들의 열정과 사람들의 작품, 그리고 지리산의 기후풍토가 함께 엮이어 이루어진 차 이야기입니다. 그동안 찻집이 늘어나고 곳곳에서 찻그릇을 빚고 찻상을 만들고, 작품을 아끼는 사람들이 많아져 '진주 차맛' 이야기는 더욱 넉넉해졌습니다.

• 다솔사의 효당 최범술 스님

지리산에서 발원하여 곤양으로 뻗은 봉긋한 봉명산(鳳鳴山)은 키큰 적송을 거느리고 다솔사(多率寺)를 품고 있습니다. 6세기 초(503, 신라 지증왕 4년) 영악대사가 창건하여 영악사(靈嶽寺)라 이름 붙인 절로서 유서 깊은 곳이기도 하지만, 진주 차맛의 산실이기도 합니다.

대웅전(적멸보궁) 뒤쪽에는 산기슭을 따라 차나무가 무성하게 자

::다솔사 큰방의 죽로지실 - ⑱

라서 그 위 암자 봉일암까지 차밭이 이어져 있습니다. 지금 동쪽의 큰 방은 한때 효당의 차실인 '죽로지실'로 쓰였고, 그에 딸린 큰 부엌은 차를 만드는 5월이 되면 찻잎을 데치고 덖는 손들이 바삐 오가며 부산한 곳으로 변하였습니다. 옆방은 차 건조실로 쓰였습니다. 가마솥에서 다 된 차를 따뜻하게 데워진 이 방으로 옮겨 와 널어 말립니다.

입구의 대양루는 차생활 강의나 원효교학(元曉敎學)을 가르치는 강당으로 쓰였던 곳입니다. 서쪽에 대중공양을 하는 식당이 있었는데, 지금은 없어지고 다른 요사채가 들어섰습니다.

본래 다솔사 전체 건축 구도는 좌우대칭형으로 봉황의 형상을 하고 있었습니다. 대웅전이 머리가 되고 동서쪽 건물이 날개가 되고, 대양루 입구를 꼬리로 하여 이루어진 봉황새는 날개짓하며 봉명산으로 날아오르는 모습이었습니다.

효당(曉堂) 최범술(崔凡述; 1904~1979) 스님은 1917년에 해인사 지방학림에 입학하고 환경(幻鏡)을 은사로 계를 받았습니다. 1922년에 일본을 유학하여 1933년에 도쿄 다이쇼대학(大正大學) 불교학과를 졸업했습니다. 그뒤 한국에 돌아와 1936년에는 다솔사 불교전수학원을, 1937년에는 사천에 광명학원을 세웠습니다. 이 무렵 김법린(金法麟; 1899~1964, 문교부 장관과 동국대 총장을 지냄), 김범부(金凡父; 1897~1966, 철학자, 소설가 김동리의 형) 등이 다솔사에 머물러 강론을 하면서 은밀히 독립운동에 가담하였습니다.

다솔사는 일제강점기 독립운동 지도자들의 은거지가 되어 민족독립을 이끌던 곳으로, 그에 관한 많은 이야기들이 있습니다. 경내 정원에는 만해 한용운 선생의 회갑연을 기념하여 심은 황금편백 몇 그루가 있는데, 지금까지도 잘 자라서 차나무와 함께 다솔사의 표상이 되고 있습니다. 황금편백은 봄이 되면 파란 잎새에 황금색 띠를 두르기 시작합니다.

효당은 만당(卍黨)의 일원으로 활동했습니다. 만당은 불교의 젊은 승려 19명으로 구성된 일종의 정치적 비밀결사였습니다. 정교분립을 내걸고 있었으나 그것은 조선총독부의 불교정책에 대한 저항세력이었으며, 결국 국내 독립운동을 목표로 삼고 있었습니다. 당원 가운데는 김법린과 초의선사 직계 제자 되는 응송(應松) 박영희(朴暎熙; 1893~1990) 스님도 있었습니다. 응송은 초의가 열반한 지 40여 년이 지난 뒤에야 대흥사로 출가하였지만, 초의의 차풍(茶風)과 제차법(製茶法)을 찾아 계승하기 위해 노력하였습니다. 당시 응송은 지금 태평양 차박물관에 있는 초의 영정과 《동차송》, 그리고 《차신전》 전사본을 수집하여 보관하고 있었습니다. 그들은 선·교의 현실

:: 차생활 강의를 마치고 효당 스님과 대학생들(라이온스카우트, 1976)이
만해 선생님이 심은 황금편백 아래서 함께 찍은 사진 —ⓢ

의식을 강조한 불교 대중화를 지향하면서 3·1운동 당시 한용운을 따르는 추종자들이었습니다. 한용운은 만당의 총재로 추대되어 그들을 격려하면서 활동에 참가하였습니다. 만당은 서울 등지에서 시작해서 경남 사천 다솔사로 행동본부를 옮기고 통도사, 해인사, 진주, 사천 등지로 옮기기도 했습니다. 조선불교 도쿄유학생회와 불교청년운동과도 제휴하면서 활동하다 여섯 차례나 검거되었습니다. 1938년에는 당원 전원이 일제 경찰에 체포되는 사건이 일어났습니다. 그뒤 총재 한용운은 다시 악랄한 일제의 감시대상이 되었습니다. 이런 상황에서 그의 환갑이 다가왔습니다. 때는 1939년 7월 12일이었습니다. 그의 친구와 후배·도제들이 동대문 밖의 청량사에 모여 회갑을 축수했습니다. 3일 뒤, 김법린·효당이 감옥에서 풀려난 기념으로 다솔사는 회갑 잔치를 한 번 더 열었습니다. 그 자리에서 그는 통음을 하였습니다. 그리고 후학들에게 글을 써 주고 절 앞뜰에 황금편백을 기념식수하였던 것입니다.

작가 김동리(金東里) 선생의 《등신불》도 이곳 다솔사에서 씌어졌습니다. 그것은 중국 고승전에 나오는 소신공양(燒身供養) 이야기를 소설로 엮어 낸 것입니다. 김병종(서울대 미대) 교수는 '화첩기행'을 하면서 다솔사를 들러, 머리에 불 향로를 이고 온몸을 불태우는 소신공양을 올리는 그림을 그려 《조선일보》 2001년 5월 30일자에 발표한 적이 있습니다. 그림을 본 필자는 효당과 차생활의 관계가 바로 '소신공양'이라는 말처럼 적절한 것이 없다고 생각했습니다. 언제든 누가 "효당이 어떻게 차를 대했느냐?"고 물으신다면 바로 "소신공양 하듯 대했습니다"라고 답하겠습니다. 정말로 스님은 '소신공양'하듯 차생활을 이어갔고, 그 모습이 필자에게는 개인적인 신념을 버리

::광명학원 제1회 졸업사진에서 효당 스님(앞줄 가운데 승복 입은 이)과 김동리 선생(그 왼쪽) – ㉡

지 않고 30년 동안 차와의 인연을 이어 준 힘이 되었기 때문입니다.

《한국의 차문화》(1981)를 쓴 김운학 교수도 효당이 "차 마시는 일을 순교자적 자세로 임하지 않으면 안 된다"고 한 말을 거론한 바 있습니다. 김동리 선생은 다솔사 '광명학원'(光明學院, 1937년 원전마을에 건립) 강사로 있던 시절에, 주지로 있던 효당이 독립운동 동지들을 위해 베푼 차회에서 소신공양에 대한 엄청난 이야기를 듣고 《등신불》을 써서 충격을 완화했다고 합니다. '소신공양'과 '순교자적 자세'는 결국 같은 뜻이며, 같은 장소인 다솔사에서 나왔습니다.

'소신공양'이나 '순교자적 자세'라는 말이 입에 오르내릴 수 있었던 것도 곧 그 자리에 모인 동지들이 나라의 독립을 위해 자신의 몸을 불사를 수 있다는 강한 신념을 가졌기 때문일 것입니다. 효당이 어느 날 필자에게, "만해 선생이 남긴 말 가운데 '나를 딛고 일어서라'는 것이 가장 인상 깊게 남아 있다"고 한 말을 기억합니다. 산이 높으면 골도 깊다고 하지만, 일상 생활이든 불교든 차든 독립운동이든, 굳은 뜻을 가지고 허심탄회하게 동지들과 교유하는 모습은 효당의 또 다른 인간적인 매력이었습니다.

해방을 맞아 효당은 진주에 해인고등학교(동명고등학교의 모태)를 창설하고 곧 해인대학(경남대학교의 모태)도 설립하여 이사장 겸 학장이 되었습니다. 1960년 이후 다솔사 조실로 있으면서 원효교학과 차도 연구에 전념하시다가 1979년 7월 10일에 입적하였습니다.

효당은 다솔사 '죽로지실'에서 후학들에게 차를 가르치고 원효사상을 밝히며 밀교(密敎)도 가르쳤습니다. 《한국의 차도》(1973)라는 차책도 펴내었습니다. 추사와 초의가 차를 통해 깊은 우정을 나눈 글귀나 '차도무문'(茶道無門) 또는 〈반야심경〉을 즐겨 쓰시고, 기념으로 글씨를 나눠 주기도 하였습니다. 글 하나를 받으려면 적어도 먹을 갈아 놓는 수고는 해야 하는데, 반듯하게 앉아 먹을 바로 잡고서 벼루 바닥을 넓게 하며 시원하게 갈아야 했습니다. 앉아서 먹 가는 모습이 시원하지 못하면 바로 불호령이 떨어졌습니다. 쓰시고 난 뒤에는 자평을 하시며 뜻을 새겨 주시곤 하였습니다. "글씨는 정성을 들여 써야 하며[字書曲盡], 잘된 글은 자기 소유가 아니라야 만인

:: 효당 스님의 차도정신이 담긴 글 '차도무문' －정

의 사랑을 받는다[藝道不有]"고 말씀하셨습니다. 누구나 경(敬)의 마음으로 차를 사랑하고 즐김으로써, 중에 머물면서도[居中太極] 하늘과 놀고 바다를 희롱하는[遊天戲海] 대인(大人)의 풍격을 닮을 수 있다고 봅니다.

암흑기 다솔사에는 우리나라의 많은 인재들이 드나들었습니다. 앞에서 말한 한용운·김법린·김범부·김동리 등이 있습니다. 김범부(본명은 鼎卨) 선생은 작가 김동리의 큰형으로 동양철학에 해박한 지식을 갖고 있었습니다. 작가로서 김동리는 큰형의 공부 분위기에서 키워진 것이라 할 수 있습니다. 효당은 범부와 뜻이 맞아서 형제처럼 지냈는데, 그러다 보니 범부의 큰아들 지홍이 효당의 제자가 되었습니다. 동리는 한 살 아래인 조카 지홍과 친구처럼 지냈고, 지홍은 효당의 상좌로 여러 해 동안 다솔사의 사무를 보고 있었습니다. 그런 인연으로 동리는 다솔사를 마음 놓고 드나들었습니다. 고향 경주에서 장사를 하는 중형의 가정형편이 어려워져 동리는 범부가 은

:: 효당 스님이 다솔사 죽로지실에서 평소 즐겨 사용하던 차기들 (필자 그림, 1976)

거하는 다솔사로 왔던 것입니다.

해방 뒤에는 일반 사람들이나 학생들은 말할 것 없고, 독립운동가로서 삼우당 문익점 선생의 후손이기도 한 황남 문영빈, 남도 문인화가 의재 허백련을 비롯해서, 서예가 은초 정명수, 의곡사 주지를 지냈던 서예가 청남 오제봉, 산수화가 소정 변관식, 전각가 청사 안광석, 서울대 음대 작곡과 교수였던 강석희, 정신과 의사 김종해, 서양화가 변종하, 조각가 문신 선생 등 많은 분들이 그곳에서 즐겨 차를 마셨습니다.

• 대아고등학교의 아인 박종한 선생

아인(亞人) 박종한(朴鐘漢; 1925~ ) 선생은 삼천포에서 만암 박채규와 구연필의 사남 오녀 가운데 둘째로 태어났습니다. 선친 박채규의 유언에 따라, 유산을 바탕으로 진주시 인사동에 재단법인 '하천학원'을 설립하여 대아중학교, 대아고등학교를 세우고 초대부터 교장을 맡았습니다. 일제강점기에 최소해 · 서병도 · 김대성 동지들과 '반진단'(般震團)을 결성하여 독립운동을 벌이면서, 언젠가는 독립할 조국의 미래는 교육에 달려 있음을 깨달았다고 합니다. 그는 한국 국민의 교육을 위한 기본과제를 민성 · 민족 · 민본 · 민생 · 민복의 다섯 가지로 보고, 이를 타개하는 힘을 전통에서 얻으려는 새로운 교육을 창안하였는데, 그것이 '오민교육'(五民敎育)입니다.

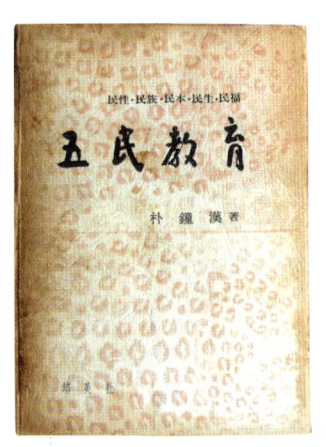

:: 《오민교육》 책자(1975) - 정

이러한 참교육, 현장 교육을 실천하기 위해

:: 오민박물관의 여러 차도구들 — ⓒ정

먼저 주위에서는 아무도 관심을 갖지 않고 내팽겨 둔 민속 생활 용기에 주목하였습니다. 그리하여 사람들이 귀찮게만 생각하고 있는, 집 안에서 나뒹구는 물건들을 하나둘씩 모으기 시작했습니다. 마제 석기류와 고대 토기류, 고려청자·조선백자 등 도자기류, 산수도·민화·인물화·불화와 같은 그림, 글씨·서적·목물(木物)·석물(石物)은 말할 것도 없고, 여러 가지 무기류까지 갖추었습니다. 학교 안에 공간을 마련하여 모은 재료들을 다섯 분야로 분류하고 전시하는 '오민박물관'을 세워서 우리 민족 생활문화의 우수성을 알리고 교육하였습니다. 민족의 참된 전통이 내재된 민족 고유의 문화재를 또한 '오민'으로 분류하고, 이를 분석 이해하게 함으로써 민족의 자아를 자

::차례실에서 학생들에게 차생활을 지도하는 아인 박종한 선생 — 창

각, 정립하게 하려는 국적 있는 교육을 실천한다는 것이었습니다.

교장실에는 '차례실'(茶禮室)을 만들어 차를 마시게 하고, 차에 관한 예절을 가르치면서 세상 사람들에게 차생활의 중요성을 일깨웠습니다. 더욱이 학교생활과는 인연이 먼 이른바 '문제학생'을 불러 모아 특별구역을 청소하게 한 다음, 차실에 불러 차 한 잔씩 대접하였습니다. 맑고 담백한 차를 천천히 그리고 말없이 마시는 행위를 거듭함으로써, 스스로 자신의 행동을 반성하고 고쳐 가도록 하였습니다. 매나 말로만 훈계하는 일상과는 아주 다른 새로운 경험을 통해 학생들의 불안한 정서는 안정을 찾아갔습니다. 또 남해 하천재 주변에 차밭을 만들어 차생활과 제차 실습을 위한 교육의 터로 제공하였습니다.

::들차회(2002. 11. 10., 남해 하천재) — 정

 한편으로는 조자용(趙子庸; 1926~2000) 등 몇몇 동지와 '민학회'(民學會)를 창립하여 한국의 문화유산을 보존하고 알리는 데 온 힘을 기울였습니다. 민예품에는 한국 민중의 정신이 배어 있다는 믿음이 있었습니다. 그러나 경전과 같은 잘 알려진 미술품과는 달리, 우리 민예품에 대한 미의 해석은 시도된 바도 없고 자료가 없어 해석해 내기가 어려웠습니다. 그런 까닭에 미적 형식을 찾아내는 고도의 조형의식이 요구되었고, 민학회는 그런 토론의 마당이 되어 주었습니다. 박물관의 운영, 오민교육의 창안, 차도 교육, 민학회 활동을 통하여 다져진 선생의 민예에 대한 조형의식은 수준 높은 안목, 그 자체였습니다. 비록 하찮은 물건 하나라도 아인 선생의 눈을 거치면 거대한 문화의 집적체로 다가오고, 형태가 경험이 되고 사유가 되었

::아인 박종한 선생 — 정

습니다. 선생의 상상력은 진위를 따지기 이전에 설득력 있는 민중의 애환으로 다가왔습니다. 그런 조형의식은 회화·도자기·목물·석물을 다루는 이들에게 전해지기도 하고, 일부는 직접 표현해 보이기도 했습니다. 조선가구를 만드는 율목공방의 소목장 구한회는 우리 물품에 대한 미적 안목을 키워 준 아인 선생님의 고마움을 지금도 전하고 있습니다.

이와 같은 이야기는 차생활운동도 차만으로 이루어진 것이 아니고, 보이지 않는 교육정신과 깊이 연관되어 있다는 사실을 보여 줍니다. 진주는 교육도시이며, 학생들이나 학부형들은 잘 표현할 수는 없지만 교육에 관한 한 가슴 한 구석에 잠재된 자존심을 가지고 있습니다. 이것은 역대 진주정신이 그러하였고, 진주의 근대 선각자들이 보여 주신 민족에 대한 끊임없는 애정과 성실한 실천정신, 그리고 일에 대한 열정이 밑받침되었기 때문입니다.

• 경상대학교의 다농 김재생 교수

하동군 고전면에서 태어난 다농(茶儂) 김재생(金在生; 1927~2005) 교수는 경상대학교 농과대학 임학과 교수로서, 한국차문화학회장, 한국임학회부회장, 그리고 산림청 산림평가교수와 경상대학교 부속 연습림(지리산, 남해)장을 지냈습니다. 이웃 나라 일본의 임학회 이사와 일본 차업(茶業)연구학회 회원이기도 했습니다.

김재생 교수는 1960년대 초, 대학가에서조차도 차문화를 잘 모르던 시절에 차에 관한 논문을 발표하고, 주요 논설을 잡지에 실어 차문화를 알렸습니다. 1963년에 〈남지리산 차나무의 성장과 생리적 작용〉, 1964년에 '지리산 자생차의 조성문제'에 관한 《지리산지구개

::차밭을 돌아 보는 김재생 교수 — ㉠

발 조사보고서》를 작성 제출하고, 1968년에는 〈한국 차의 역사〉를 《진주농대학보》에 소개하기도 하고, 〈한국산 차의 조성 및 수출문제〉라는 제목의 논설을 《경남일보》에 실었습니다. 이어서 1970년에는 〈한국차 재배지의 환경과 장래성〉에 관한 논설을 《산림》53호에 올리기도 하였습니다.

그리고 차산업이 우리보다 앞선 일본의 동향을 살피고 연구하며 농가 소득을 증대시키려 노력하였습니다. 1967년 7월부터 12월까지 6개월 동안 일본에 머물면서 에이치교육대학(愛知教育大學) 농생물학교실과 일본 농림성 차업시험장에서 차수의 증식과 보호관리에 관한 연구를 하였고, 1969년 8월 25일에는 에이치교육대학에서 '한국의 차산업 현황과 차 재배지역의 환경적 특성'에 대한 특별강연을 하였습니다. 또 1980년부터 1992년까지 태평양화학 장학연구재단 산하 내한성 차수의 증산분야 연구위원으로 활동하였습니다.

그동안의 연구성과가 발표되고 차책이 나오기 시작하면서, 대학가는 1970년대 후반에 이르러 차문화에 관한 관심이 차츰 일어났습니다. 그 전에 그는 학과나 동아리 단위 대학생들의 초청강연에 응하여 교내 잔디밭에서나 강의실에서 차나무, 차의 역사, 차례문화를 알리고 소개하였습니다.

연구실의 책상 벽에는 '인지위덕'(忍之爲德; 참는 것 그것이 덕이다), '차도선불심'(茶道禪佛心; 차도는 부처님의 마음이다) 등을 붙여 놓고 격언으로 삼았습니다. 늘 녹차를 즐겨 마셨고, 평소에 맵고, 시고, 쓰고, 떫고, 단[辛酸苦澁甘] 차의 오미를 맛보며 차정신을 다듬어 갔습니다. 그의 차실은 나이 많은 교수들이 모이는 대학의 '노인당'(老人堂)이었지만, 늘 차 한 잔과 함께하는 즐거운 담소에 '청춘당'(靑春堂)으로 변하여 스트레스를 풀어 주었고, 새 연구를 향한 활력소를 불어넣는 '행복의 산실'이었습니다.

김재생 교수는, 동네 사람들의 삶의 애환을 간직하고 있음은 물론이고 지역사회의 역사를 상징하는 나이 많은 큰 나무[老巨樹]를 상처 내지 말고 보호하자는 운동에도 앞장섰습니다. 나무와 숲을 사랑하는 정신으로 지리산과 지역사회 개발, 자연보호와 환경보전, 도립공원계획 등에 관한 자문 구실을 하고, 진주시 문화의거리 조성위원으로 활동하며 진주 가꾸기를 위해 노력하였습니다.

그밖에도 〈차나무와 오미〉, 〈차나무가 지닌 상징〉, 〈차나무를 통하여 본 한국의 미풍양속〉, 〈한국의 전통차문화〉, 〈한국산 차(차나무)의 수출에 관한 연구〉, 〈일본의 차〉, 〈차의 산업적 전망〉, 〈차는 왜 필요한가〉,〈차는 민족문화 발전의 원동력〉,〈차는 민족문화의 영양소〉,〈한국차문화의 멋과 향기〉와 같은 글을《다원》,《설록》,《산림》,《죽로》등의 잡지에 소개하였습니다.

한편 진주산업대학교의 고영옥 교수도 차나무 증식과 수종개량에 힘을 기울이며 차밭을 일구고자 하는 사람들에게 지원을 아끼지 않고 있습니다. 교내에 차밭을 조성하여 누구나 쉽게 차나무의 생태를 관찰할 수 있게 하고, 봄이 되면 찻잎을 직접 따서 차를 만들어 볼 수 있도록 기회를 마련하고 있습니다.

• 직하고택의 황남 문영빈 선생

다솔사 뒷산 봉명산에서 북암으로 가는 산길을 따라 북서쪽을 넘으면 하동군에 속하는 북천이라는 큰 마을이 나타납니다. 좀더 내려오면 큰 적송 숲 옆으로 '직하고택'(稷下古宅)이라는 집이 나옵니다.

::북천의 직하고택 —ⓒ마상철

거기에 황남(篁南) 문영빈(文永彬; 1891~1961) 선생과 그의 아들 우남(又南) 문후근이 살고 있었습니다. 이들은 삼우당 문익점 선생의 직계손이기도 하고, 한때 효당 스님과 같이 《한용운 전집》 간행 사업에 참여하기도 하였습니다. 효당은 황남과 우남 두 분을 좋아하여 다솔사 뒷산을 넘어 직하고택을 자주 들렀습니다. 황남이 세상을 떠난 뒤에도 우남과 효당은 오랫동안 따뜻한 우정을 나누었습니다.

황남은 나라가 독립한 뒤에는 사사로운 개인 감정이

::황남 문영빈 선생 — ㉘

국가 창업에 방해를 준다고 하여 정치적 인연을 모두 끊고, 직하고택에 머물며 집안일을 돌보거나 효당·의재 등 많은 지기들과 정을 나누며 말년을 보냈습니다. 직하고택은 터가 2천여 평에 이르는 규모가 아주 큰 집입니다. 건물은 들어가면서 문간채·사랑채·본채·아래채로 되어 있습니다. 집 안에는 100년도 더 되었을 목련·은행 등의 거목과 동백·측백·감나무·차나무 등이 있습니다. 돌담장을 따라 대나무와 붉게 물든 육송의 솔숲이 집 주위를 감싸고 있습니다.

진주 차맛을 만든 사람들 69

우리의 관심을 끄는 데는 바로 사랑채입니다. 대문을 들어서자마자 우뚝하게 보이는 사랑채는 대문 쪽으로 청마루가 나 있고, 작은방이 세 개, 전경을 볼 수 있는 마루방과 책 보관을 위한 쪽방이 있습니다. 이곳에서 주인장 황남을 비롯해, 효당·의재·청남 등 많은 분들이 차를 즐기고 글을 쓰고 술도 마시곤 하였습니다. 효당은 직하고택의 차 살림을 맡아 손수 법제한 차를 큰 차통에 가득 담아 황남 사랑채에 두었습니다. 이분들이 계실 적 직하재 사랑방에는 언제나 차향이 가득했고, 굵직한 너털웃음이 들렸습니다.

### • 비봉루의 은초 정명수 선생

은초(隱蕉) 정명수(鄭命壽; 1908~2000) 선생은 진주 대평에서 태어나 비봉루(飛鳳樓)에서 서예를 하며 후진양성에 힘을 기울였습니다. 살림집이자 서예 도량인 비봉루는 진주시 중심가 북쪽 비봉산 기슭에 자리잡은 아름다운 누각형 집입니다. 지금도 시인묵객들이 드나드는 이곳은 붉은 노송과 푸른 대나무가 감싸고 백일홍·금목서가 비봉산 숲과 어우러져 멋을 더하고 있습니다. 고려시대에 포은 정몽주 선생이 진주에 다녀가면서 〈비봉산전비봉루〉(飛鳳山前飛鳳樓)라는 시를 남겼는데, 이를 기리기 위하여 은초의 선친 정상진(鄭相珍)이 수십 년 동안 목재를 준비하고 큰돈을 들여 1939년에 촉석루를 닮은 누각을 세우고 비봉루라 이름 지었습니다. 정면 세 칸, 측면 두 칸의 목조기와집으로 팔작지붕의 이층 다락집 건물이며, 부속 건물로는 강당이 있습니다. 이 강당을 개조하여 살림공간으로 사용하고 있습니다.

비봉루에 오르면 진주 시가지를 훤히 내려다볼 수 있습니다. 일찍이 아이들이 앉고 만지고 하여, 돌로 만든 동물하며 석물이나 난간

::진주 비봉루 - ㉽

::비봉루에서 은초 선생(가운데)과 진주차인회 회원들이 연 신년차회 - ㉽

기둥들이 손때가 묻어 반들반들해졌습니다. 이곳에 오래전부터 마음 좋은 멋쟁이 할아버지가 계신다는 것을 누구나 알고 있었습니다. 사람에게 화를 내신 적이 없고, 늘 붓글씨를 쓰시고 대필(大筆)을 하신다고 하였습니다. 그분이 바로 은초였습니다. 성파 하동주로부터 배운 글씨로 국전에도 입선하였으며, 촉석루 현판('南將臺'; 촉석루 옛 이름)을 올리기도 하였습니다.

차회 모임 때나 귀한 손님을 비봉루 누각에 모시고 차 한 잔을 나누는 즐거움은 많은 사람들의 부러움을 사기도 하였습니다. 비봉루는 근대에 지었어도 짜임새가 완벽하여 건축 조형이 타의 추종을 불허하였습니다. 일반 사람들이나 예술인들이 찾는 포근한 진주를 대표하는 차실이었습니다. 가을에 수북이 쌓인 굴참나무 잎을 밟으며 비봉루를 찾아 은초 선생님과 차 한 잔 나누는 즐거움은 진주 차맛 그 자체였다고 말하고 싶습니다. 은초 선생님의 차맛은 '포근한 관용의 맛'입니다.

진주의 진산(鎭山)인 비봉산은 원래는 대봉산(大鳳山)이라 하여 많은 인재를 품어 냈다고 하거니와, 이성계와 무학대사의 일화가 얽혀 있는 곳이기도 합니다. 서쪽 산기슭에는 고구려 때 수(隋)나라 대군을 무찌른 강이식(姜以式) 장군을 모신 봉산사가 있고, 산 가운데는 비봉루가 자리하고, 비봉산 동쪽 작은 골짜기, 가수 남인수의 고향 마을 '드무실'로 넘어가는 곳에는 의곡사(義谷寺)가 있습니다. 의곡사는 당나라 무외삼장에게 불법을 배운 신라 고승 혜통 스님이 창건하였다고 합니다. 진주를 찾은 예술인들의 안방이 되기도 했던 의곡사는 서예의 대가이자 차인인 오제봉 선생이 주지로 있었던 곳입니다.

::청남 오제봉 선생 – ㉛

• 의곡사의 청남 오제봉 선생

청남(菁南) 오제봉(吳濟峯; 1908~1994)은 경북 금릉에서 태어나 12세에 해인사로 입산, 불교전문학교를 졸업하고 의곡사에 주지로 있었습니다. 그러다 1955년에 환속하여 서예가의 길로 나서 후진을 양성하였습니다. 제1회 국전에 입선했으며, 국전과 경남도전 심사위원장을 지냈습니다. 1960년에 논개비석과 촉석루의 '영남제일형승'(嶺南第一形勝)이란 대액을 남기고, 그뒤 해인사·불국사·법주사·도선사·옥천사 등 유명 사찰의 비문·주련·액자·대액 등 수많은 작품을 남겼습니다.

만해와도 가깝게 지냈고, 특히 효당과는 서로 호형호제하며 절친한 우애를 나누었습니다. 두 분 사이에는 거리낌 없는 실천력과 불교사상이 있었고, 일필휘지하는 습관과 차 한 잔을 나누는 즐거움이 있었습니다. 1988년에 《다담》(茶談) 11월호에 기고한 청남의 이야기는 당시 혼란한 나라 사정과 맞물려 살아간 스님들의 또 다른 삶의 모습을 보여 줍니다.

효당 형님은 그뒤 해인사 주지를 지냈고 지금 경남대학의 전신인 해인대학을 창설하여 교육과 정치에 큰일을 많이 했다. 그러나 부부 인연은 그리 평탄하지 않았고, 만년에 다시 장가들어 아들을 두었다. 나와는 평생지기였고 둘도 없는 가까운 사이였지만 지금은 타계하여 그 모습을 찾을 길 없으니 안타까운 마음 금할 길이 없다.

효당 형님이 해인사 주지로 있을 때 6·25를 맞이했다. 해인사는 인민군의 점령지가 되었고 그들의 세상이 되었다. 그들은 온갖 행패를 부렸으며 절을 파괴하려 했다. 어떤 사람은 살상당하고 어떤 사람은 피난하고 절간은 아수라장이 되었다. 승려들이 기어이 피난가자고 졸랐지만 그는 꿋꿋이 반대하였다.

'내가 이 절을 지키겠노라. 비록 죽음이 온다 해도 나는 지키겠노라'는 그의 굳은 의지는 꺾이지 않았다. 적군이 마침내는 사찰을 불 질러 버릴 계획이었다. 효당 형님은 '차라리 나를 죽일지언정 이 문화재는 털끝만큼도 훼손시키지 말라, 나는 죽어도 여한이 없으니 나를 죽여라' 하고 버티었다. 죽을 각오를 하는 이를 그들은 어찌할 수가 없었고, 급기야 그들은 물러나고 절은 온전히 보전되었다. 만일 승려들의 말을 따라 피난을 했더라면 지금의 해인사는 자취도 없었을 것이 아닌가? 이것은 쉽게 눈에 띄는 일은 아니지만 대단한 일임에 틀림없다.

평생에 시비를 끌고 다녔지만 범상한 데도 많았다. 환경 스님은 효당 형님을 공부시키느라 동전을 일일이 물에 씻어 일본으로 보냈고, 젊은 시절 효당 형님은 독립운동을 하느라 바쁘게 다녔으며 3·1운동 때도 독립선언문을 등사판에 수천 장 밀었다.

글씨체도 꿋꿋한 꼬챙이 같이 생긴 것이 야무지게 결구되어 있었고, 사람들을 만날 때마다 한 폭씩 써 주는 것이었으니 내 집에 드나드는 글씨 제자들은 그것을 안 얻어 가진 자가 없었다.

시내에 있기 때문이기도 하지만, 비봉루와 이웃한 의곡사는 어차피 노상 손님들로 넘쳐날 수밖에 없었습니다. 뒤에 이야기할 개천에 술제 행사가 제 모습으로 나타나기 전에 품어준 곳이 청남이 있던 의곡사라고 해도 지나친 말이 아닙니다.

• 의재 허백련 선생과 효당 스님

의재(毅齋) 허백련(許百鍊; 1891~1977) 선생은 황남 문영빈과 나이가 같았고, 효당과는 먼 거리를 뛰어넘어 아주 친하게 지냈습니다. 선생은 전남 진도에서 농부 허경언의 육남매 가운데 장남으로 태어났습니다. 초의와 완당의 애제자 소치(小癡) 허련(許鍊)의 방손이 됩니다. 의재는 서화가로 잘 알려져 있지만, 여기서는 차와 관련된 일에 초점을 두겠습니다.

그는 해방을 맞아 진도에서 서둘러 광주로 올라왔습니다. 그러나 정치적 혼란 속에서 잘못 처신했다가는 큰 변을 당할 수 있다는 것을 알고, 혼잡한 도시를 떠나 한적한 곳에서 그림이나 그리며 지내고자 했습니다. 그때 물색해 둔 곳이 무등산 증심사(證心寺) 계곡이었습니다. 화구를 챙겨 증심사로 들어가 방 하나를 빌려 그림을 그렸습니다.

그러다가 증심사 입구 계곡(춘설헌 자리)에 '농업이 흥해야 한다'는 기치를 내걸고, 평소 불행한 사람들을 위하여 헌신하던 오방 최흥종 목사와 함께 '삼애학원'(三愛學院)이라는 농업기술학교를 설립했습니다. '삼애'란 조상을 받드는 뜻으로 '천애'(天愛), 땅의 풍요를 기린다는 '지애'(地愛), 그리고 이웃과 동포를 사랑한다는 '인애'(人愛) 세 가지로, 천·지·인 사랑을 교훈으로 내걸었습니다. 해방이 되었으니 그림보다는 부국을 위해 흥농정책의 중요성을 역설하고 삼애학

::의재 허백련 선생 - 정

1953년에 인가를 받아 정식 농업기술학교로 승격시켰습니다. 의재가 문교부 장관 김법린을 만나 허가받은 학과는 차 제조법과 원예, 식품 가공 등을 다루었는데, 수업료는 받지 않았습니다.

오방이 떠난 후 그 자리에 새 건물을 지어 '춘설헌'(春雪軒)이란 당호(堂號)를 써서 걸었는데, '춘설헌'이란 송시(宋詩)의 "한 사발 춘설차가 제호탕보다 낫다"(一甌春雪勝醍醐)에서 따왔다고 합니다. 그리고 차밭을 일구어 '춘설다원'이라 하고, 거기서 나오는 차를 '춘설차'라고 이름 붙였습니다. 춘설헌을 방문하는 손님에게 늘 흰 수염을 휘날리며 춘설차 한 잔을 내어 주었습니다.

영국의 신학자 리처드 러트(Richard Rutt)는, "동양의 멋쟁이는 무등산의 허백련 선생입니다"라고 말한 바 있는데, 아마 계곡의 대숲에서 하얀 한복차림에 죽장을 짚고 있는 모습이나, 춘설헌에서 그림 그리는 모습이 퍽이나 멋스러웠던 모양입니다.

효당과 의재는 호형호제하는 사이였습니다. 그분들을 가까이 모신 아인 박종한이나 김재생 교수의 말을 들어 보면, 두 분 사이가 너무나 막역 호쾌하여 주위의 부러움을 샀다고 합니다. 의재가 진주에 올 때면, 다솔사에 가서 효당 스님을 만나고, 같이 직하고택에 들러 흥건한 땀방울을 훔쳐가며 글씨를 쓰거나 그림을 그렸습니다. "차는 역시 효당이야" 하면서 차를 마시고, 작품을 평하며 세상일을 이야기하면서 즐거워했습니다. 의곡사에도 들러 청남을 만나고 이곳저곳에서 정을 나누다가, 진주를 떠날 때가 되면 언제나 아쉬워했다고 합니다.

• 강파도원의 토우 김종희 선생

토우(土偶) 김종희(金鐘禧; 1921~2000) 선생은 대구에서 태어나 성장기 10여 년을 일본에서 보냈습니다. 13세 때 나고야 근교 작은 도자기 마을[土岐市]에 있는 학교에 들어가려 했으나 시기를 놓쳐 버리고, 사람들이 하나둘 떠나 버린 그곳에 남아 그릇 만드는 일에 열중하며 시간을 보냈습니다. 그것이 도예가 토우를 만든 밑거름이었습니다.

해방과 더불어 귀국한 것은 25세 때, 소년은 청년이 되어 있었습니다. 그는 합천 해인사 밑 홍류천 가에 자리를 잡았습니다. 전기도

::토우 김종희 선생 – ⑧

없는 곳이었으나 물이 있고 나무가 흔하고 흙이 마음에 들어 그곳을 택했습니다. 물론 대구가 고향인 만큼 고향 근교에 머물고 싶은 마음이 있었던 것입니다. 그뒤 계명문화대학 도예과에서 15년 동안 제자를 가르치며, 부인 김정임과 함께 40년이 넘도록 한곳에 머물렀습니다.

"먼저 흙을 알아야지요. 흙을 알고 흙의 성질을 사람이 따라가야지 사람이 흙을 정복하려 들면 안 됩니다. 이것만 터득하면 도공이란 소리를 들어도 될 겁니다" 하며 그는 도예가가 갖추어야 할 태도를 자주 들려주었습니다. "나를 지켜 준 것이 차였던 것 같습니다. 차……, 생각하면 참 감회가 깊습니다. 6·25 당시 효당 스님은 국회의원을 그만두고 해인사에 계셨지요. 도자기도 하고 있으니 자주 찾아왔습니다. 차를 마시고 싶은데 그릇이 없다는 고민이 있었지요. 효당 스님이 만들어 보라는 대로 그릇을 만들어 보았어요. 지금 생각하면 참 우스운 그릇이었습니다"라고 차기 제작 동기를 밝힙니다. "결국 우리 그릇의 형태로서 택한 것이 간장 종지 같은 것에 굽을 높인 잔과, 약탕관을 본뜬 차관 등이었고, 두툼한 것이 특징이었습니다." 그것은 아래 그림과 같았습니다.

"차기는 절대로 차를 마시는 도공이라야만 어느 게 좋은지 압니다. 그것은 나의 확신입니다. 차를 마시다 보면 차의 정신에 몰입하게 되고, 그 정신이 차기에 생명을 불어넣게 됩니다."

차는 검소한 덕을 가진 사람에게 적합한 것, 검(儉)은 '사치'의 반대말이기에 그릇에 사치 기운이 있으면 안 된다는 것, 따라서 잘난 흔적도 없어야 하고 오직 검소하고 질박한 것이 차기의 참모습이 되어야 한다는 것입니다. 그리고 무엇보다 공인(工人) 스스로가 만들어 사용하면서 즐길 수 있어야 하고, 가까운 사람에게 내어 즐거움을 나눠줄 수 있어야 함을 신조로 삼는다는 것을 강조하였습니다. 좋은 차기를 만들어 변함없이 싼 가격에 공급하는 것을 낙으로 삼았습니다. '호계삼소'(虎溪三笑)라는 글을 걸고 '고요히 몸을 닦고 검소함의 실천으로 덕을 기른다'(靜而修身 儉而養德)는 글귀를 새기며 살았습니다.

::토우의 초기 차기 작품 형태 – 정

토우는 도자기의 색깔이나 형태에 스며 있는 민족정신을 알아보는 데 어떤 외국의 애호가도 결코 모방할 수 없는 독특한 눈을 가지고 있었습니다. 죽어서도 봉분을 크게 해서 동물들의 걸림돌이 되게 하지 말라는 들꽃 같은 유언을 남겼고, 장례를 치른 뒤에야 그의 죽음을 알리게 하였습니다. 지금은 선생의 작업 공간[江波陶苑]을 장남인 김일이 맡아 그 뜻을 이어가고 있습니다.

# 7 진주 차맛과 한국 차문화운동

:: 경남 사천의 반야로 차밭과 관광객들의 차따기 실습

우리나라는 1970년대 초반까지는 가정에서 차를 개인의 취향으로서 조용히 즐기거나, 절의 스님들이나 수도원 수녀님들의 심신수련의 방편으로 마셔 왔습니다. 개인적인 기호나 취미로, 또는 몇몇 사람들의 호기심으로 다루어졌을 뿐 사회 전체로까지 퍼지지는 못했습니다.

그러다가 곤양 다솔사 효당 스님이 차를 직접 소개하고 강연도 하고 《독서신문》과 잡지에 발표함으로써, 비로소 사람들이 우리 차에 대한 관심을 갖게 되었습니다. 이어서 1973년 초반에 《한국의 차도》가 발표되자 우리도 훌륭한 차문화를 간직하고 있었음을 알게 되었습니다. 《한국의 차도》는 효당이 60여 년의 수도생활과 함께해 온 차생활을 쉽게 쓴, 그러나 달관의 경지가 엿보이는 개론서라고 볼 수 있습니다. 그것은 한국 차도의 입문서가 되었으며, 이것이 효시가 되어 차에 관한 책이 잇달아 나오기 시작하였습니다.

차와 관련된 모임에는 늘 효당이 있어 고문 격으로 이론적인 뒷받침을 해 주었습니다. 또 다솔사에 머물면서 누구든 원하는 사람에게는 차 한 잔을 내어 주었습니다. 다솔사 차밭에서 나는 차는 '반야로'라 하였는데, 차향이 가득하고 차맛도 잊기 어려웠습니다. 앞서 소개한 대로 좋은 차를 제대로 만들기 위해 효당은 직접 법제 과정에 참여하여, 일하는 사람들을 다그치면서 그들이 긴장을 늦추지 않도록 하나하나 살폈습니다.

진주 차맛이라고 특별히 이름 붙일 수 있게 한 몇 가지 중요한 사연이 있습니다. 원래 진주 차맛은 술을 즐긴 데서 나왔습니다. 차 기운이 피어날 무렵, 진주는 구석구석 술판이 벌어져 취객들의 젓가락 장단을 골목마다 예사로 들을 수 있었습니다. 술이야말로 고단한 하루의 피로를 날려 주는 유일한 대중 음료였습니다.

주차론(酒茶論)이라 하여, 차와 술을 비교하며 어느 것이 좋은가를 따지는 이야기들이 있습니다. 당나라 왕부(王敷)가 지은 〈주차론〉이 있고, 일본 란슈쿠선사(蘭叔禪師)의 〈주차론〉이 있고, 설총(薛聰)이 논한 〈차주론〉도 있습니다. 상황에 따라 달라지는 것이니 차와 술의 우열을 가리기 어렵다고들 하지만, 차맛은 아마도 술의 참맛을 안 뒤에야 알 수 있는 것이 아닌가 합니다. 술의 참맛은 많은 양의 술을 마구 마셔 취기를 내뱉는 데서 오는 것이 아니라, 예능 실력을 제대로 갖춘 사람이 술을 만나서 자신의 예능을 술 기분에 따라 표현할 수 있는 멋에서 우러나는 것입니다. 술을 즐기는 사람은 취기가 오름에 따라 몸을 가누지 못하고 말이 많아지는 것이 아니라, 행위동작으로 멋스러움을 표현합니다. 춤꾼은 춤으로, 시인은 노래로, 서화가는 글씨나 그림으로, 한 수 더 위의 것을 내보여서 주위 사람들을 더 즐겁게 할 수 있을 때 술의 참맛이 있다는 것입니다. 일을 열심히 하는 사람일수록 진정 술을 즐길 수 있습니다.

그런데 차는 삼대에 걸쳐 복을 지어야 인연이 생긴다고 합니다. 보통 사람들은 술을 아주 좋아하고 즐기는 멋을 알고 나서야 차와 인연이 생기는 것 같습니다. 술 마시기라는 한 영역에서 차 마시기라는 영역으로 가는 새로운 변화는, 단순히 사람을 취하게 하는 술이 정신을 맑게 하는 차로 바뀐다는 것이 아니라, 술문화의 세계와 차문화의 세계를 공유하고, 술과 차의 상호 작용으로 또 다른 차원의 예술세계를 창조하는 기초가 되는 것입니다. 차는 술로 닫힌 한국적인 삶에서 이웃 나라 중국이나 일본의 삶을 이해하는 열린 세계로 이끌어 주는 힘을 가지고 있습니다. 단일한 술의 세계에서보다, 차의 세계가 합쳐진 술의 세계는 당연히 더욱 풍부한 삶을 제공합니다. 진주는 어느 곳보다 먼저 차의 사회화에 나서려는 움직임이 강했습니다. 그러한 변화의 욕구가 차의 세계를 맞이하는 원동력이었고, 나아가서는 한국 차문화사를 다시 세우는 실마리가 되었습니다.

이러한 의미에서 진주의 차정신 형성과정을 살펴볼 필요가 있는데, 그것은 곧 한국의 차정신과 차문화사 형성에 기반이 됨을 알게 될 것입니다. 차는 관념적인 유희가 아니고 일상 생활 속에 구체적으로 자리하는 것이기 때문에 진주 차정신은 진주 차맛으로 표현된다고 봅니다. 차정신의 형성과정에서 그에 얽힌 인간적인 정감이나 에피소드가 생기게 마련인데, 차완에 얽힌 사연이 그러합니다. 그와 더불어 처음으로 나온 차책인 《한국의 차도》 출판과, 체계적인 박물관의 운영, 인간적인 멋스러움과 진주의 인문·자연적 환경으로 말미암아 '진주 차맛'이 형성된 것입니다.

• 차완 '자우'와 '진주차례회'

차 마시기를 힘써 말한 이들이 있었습니다. 차를 절에서만 마실 것이 아니라 사회적으로 차가 필요하다는 것을 인식한 이들이었습니다. 이러한 요구는 당시 진주 사회의 다양한 에너지를 대변한 것이기도 합니다.

유당 정현복 선생은 서예가로 촉석루 현판과 주련을 썼습니다. 아천 최재호 선생은 삼현여자고등학교 교장으로 문학에 조예가 있었습니다. 아인 박종한 선생은 대아고등학교를 설립하고, 다양한 미술품을 모아 교내 박물관에 분류 전시하여 교육에 적극 활용하고 있었습니다. 다농 김재생 선생은 경상대학교 임학과 교수로 재직하면서 차나무를 연구하였습니다. 무전 최규진 선생은 제일극장 사장으로, 고려대학교 재학 시절부터 자주 다솔사를 오갔습니다. 경해 강명찬 선생은 선명여자고등학교 교장이었고, 차나무를 교목으로 정하였습니다. 태정 김창문 선생은 진주극장 옆에 미도양화점을 운영하면서 각종 민예품(골동품, 고미술품)을 모으고 있었습니다.

1960년대에는 시중에 차가 없었을 뿐만 아니라 차라는 말 자체가 낯설었습니다. 그러니 사람들은 툭하면 대폿집을 찾았고, 가끔 다방에서 커피를 마시는 정도였습니다.

그러한 때, 다솔사에는 차향이 있었습니다. 사람들은 곤양 봉명산이 품고 있는 다솔사 큰방 '죽로지실'에 들었다 하면 효당 스님으로부터 차를 대접받고 차 이야기를 들을 수 있었습니다. 맑고 담백한 차 한 잔은 술과 대비되어 사람들의 호기심을 더욱 자아내었습니다. 마셔 보니 입안이 상쾌하고 속은 시원해지고 가슴이 열리니 다른 곳에서는 맛보지 못한 것이었습니다. 그렇게 하여 술을 차츰 멀리하게 되었습니다.

사람들이 자연스럽게 차를 접하게 되고 차생활에 대한 호기심이 생기면서, "우리도 차를 마시자", "차 하자"는 말이 나오기 시작하였습니다. "차기(茶器)는 태정이 대라", "차나무에 대해서는 다농이 해라" 하면서 차 마시는 분위기가 슬슬 무르익어 갔습니다. 그분들이 마시는 차는 주로 다솔사에서 효당이 만든 작설차 반야로였습니다. 사거나 선물 받은 차가 대부분이었고, 일본차도 구입해서 가끔 마셨습니다. 전라도 보성차도 있었지만 거리가 멀어 가까운 다솔사 차를 즐겨 마셨습니다. 다솔사 차향이 사회 속으로 조금씩 배어들기 시작한 것입니다.

차를 사회로 불러낸 데는 민예품이라는 가시적인 물건이 가진 매력도 한몫을 하였습니다. 앞에서도 잠깐 언급하였듯이 태정 선생은 도심에서 시골로 구석구석 다니며 고미술품을 사 모아 전시하기도 하고, 서울 상인들에게 되팔기도 하였습니다. 민예품 가운데는 좋은 차기도 있었고, 간간이 훌륭한 차완도 나왔습니다. 그 가운데서 조선시대 것으로 추정되는, 흔히 차완이라고 부르는 찻사발이 볼 만하였습니다. 몇 점은 조형이 뛰어나 왕자 대접을 받으며 친한 친구들에게도 쉽게 보여 주지 않을 정도였습니다. 귀한 것은 몇 개 깊숙하게 숨겨 두고 귀한 사람이 왔을 때만 보여 주었습니다. 그것도 그냥 보여 주는 것이 아니라 예를 극진히 갖추어야 마지못해 하면서 보여 주었습니다. 누구나 주인이 내려보는 앞에서 무릎을 꿇고 팔꿈치를 바닥에 대고, 차완을 손바닥에 얹어 조심스럽게 보아야 했습니다. 태정은 찻사발 덕분에 극진한 예우를 받으며 으쓱해 했습니다. 그뒤 조선 찻사발에 대한 소문은 점점 퍼져 나갔고, 태정의 집에는 이를 구경하려는 사람들의 발걸음이 이어졌습니다. 낯선 차에다 찻사발의 신기함이 더해져서 차문화에 대한 관심이 높아갔습니다.

　한편 그러한 태정의 태도를 유심히 살펴 온 무전은 그 태도를 못마땅하게 생각하면서도, 내보이는 차완 가운데 몇 개는 아주 좋아 보여 손에 넣고 싶었습니다. 평소 문화재에 대한 관심이 많아 소장하고 있는 골동품이 몇 점 있었지만, 그 차완만큼은 꼭 가지고 싶었습니다. 그런데다 경향 각지 멋쟁이들은 말할 것도 없고, 일본 사람들까지 몰려들자, 자신이 눈여겨봐 둔 몇 개가 다른 사람의 손에 넘어갈까 봐 무전은 몹시 걱정이 되었습니다. 무전은 사업가라 재력이 있었으므로 몇 가지 민예품을 포함해서 눈여겨봐 둔 차완을 사기로 마음먹었습니다. 그리하여 요즈음의 시가로 수억 원가량 하는 자신 소유의 건

:: 무전(맨 오른쪽)과 태정 선생(왼쪽 두번째)의 차완 '자우'의 유래에 대해 듣고 있는 강우차회 회원들

물을 그 물건과 맞바꿔 버렸습니다. 큰 건물을 주고 산, 작은 민예품 몇 점이란 겉보기에는 참 하잘 것 없었습니다. 그 가운데서도 무전이 마음에 둔 것은 단지 차완 두 점이었습니다. 결국 차완 두 점과 건물을 맞바꾼 셈이 되었습니다. 무전은 정말이지 그 차완을 아끼며 애지중지하였습니다. 다른 마음에 차지 않는 차완들은 특별한 손님이나 구경 온 일본인에게 그냥 주었습니다. 이런 소문을 듣고 작은 찻잔 하나라도 얻을까 하고 일본인들조차 잇따라 진주로 왔습니다.

태정은 학벌도 낮은 데다 일찍부터 장사를 하였으므로 평소 주위 사람들로부터 탐탁찮은 소리를 듣기도 하였습니다. 민예품과 바꾼 건물도 장사 밑천으로 들어가리라 모두 그렇게 생각하였습니다. 그러나 그는 평소 다니던 동산교회 건립 헌금으로 그 건물을 선뜻 헌납했습니다. 태정은 무전을 불러 헌납 동의서에 날인하고, 교회로 모셔 신자들이 모인 가운데 헌납하게 된 경위와 자신의 뜻을 전하도록 하였습니다. 그 일이 있고 나서 여러 사람들은 태정을 보통이 넘는 사람으로 보았고, 그 일은 진주의 대단한 화젯거리가 되었습니다. 그러한 배포가 있었기에, 그는 수십 년 동안 수천 점의 장석을 수집 분류하여 '태정민속박물관'이라는 주제가 있는 민예박물관을 세울 수 있었던 것입니다.

그런데 도난사고가 일어났습니다. 무전이 가장 아끼던 차완과 귀한 민예품들을 도난당한 것입니다. 그렇게 애지중지하던 차완을 도둑맞았으니, 무전의 허망함이란 말로 다 표현할 수 없었습니다. 이렇게 되고 나니 무전은 다른 골동품도 보기 싫었고, 차생활에 대한 애착도 사라졌습니다. 그러던 어느 날 서울의 아인 박종한 선생으로부터 연락이 왔습니다. 인사동 골동품 가게에서 무전의 차완으로 추측되는 것을 보았다는 것입니다. 채비를 차려 서울로 달려갔습니다. 정말이지 도둑맞은 바로 그 차완이었습니다. 그러나 이미 분간하기 어려울 정도로 때깔이 변해 있었습니다. 약품 처리를 하여 고태가 나는 색을 모두 뽑아 버리고, 어제 만든 차완처럼 새것이 되어 있었습니다. 아인 선생의 예리한 눈이 아니었다면 절대 알아볼 수 없는 형상을 하고 있었습니다. 경찰에 수사를 의뢰하여 도난 경위를 추적하였으나 별 효과를 거두지 못하였고, 도난당한 여러 점 가운데 겨우 한 점을 되찾았을 뿐이었습니다.

그 차완은 유당 정현복 선생이 '자우'(慈雨)로 이름짓고 보관함에 휘호한 것입니다. 그것은 '자우'라는 말 그대로 찻잔에 자비로운 빗방울이 내리는 듯한 운치가 있는 고려 대접형으로, 연회색의 도틀도틀한 촉감을 느끼게 합니다. 그 차완은 도난당하지 않은 다른 차완과 짝을 지워 소장하여 왔습니다. 깊숙한 곳에 숨어 잠을 자고 있던 두

차완을 30년 한 세대가 흐른 오늘에 이르러 처음으로 강우차회(江右茶會) 회원들에게 공개하였습니다.

무전 선생은 여태껏 차에 대해서 침묵을 지키다 2001년 5월에 치른 강우차회 창립 10주년 기념행사에 참석한 것을 계기로 "같이 차 한 잔 하자"고 뜻을 내비쳤습니다. 10주년 행사의 주제는 한국 차문화운동의 불을 지핀 분들을 모시고 예를 표하는 것이었습니다. 진주 죽향찻집에서 무전 선생과 태정 선생, 관심 있는 몇 분들이 모인 자리에서 비단보와 오동나무에 감싸인 '자우'가 공개되었습니다. 자리한 사람들은 침을 삼키며 '자우'의 모습을 보았고, 여러 감정이 교차했습니다. 또 그 차완에다 말차를 내어 한 사람씩 마셔 보고 조형미를 감상하였습니다. 고희를 넘긴 태정 선생은 무전 선생의 이러한 돌출 행동이 뜻밖이라고 생각하는 것 같으면서도 차를 마시고 자우를 어루만지며 깊은 감회에 젖어 들었습니다.

한편 아인이 세운 대아고등학교의 오민박물관도 우리들의 일상 잡

::차완 자우 — ⓒ

기에 지나지 않았던 민예품에 대한 새로운 관심을 불러일으켰습니다. 다양한 차기로 명상을 곁들여서 문제 학생들에게 차 마시는 법을 가르침으로써 차생활 교육의 효과를 보았습니다. 이와 같이 학교 차생활 교육의 토대도 진주에서 마련되었습니다.

이러한 상황에서 우리의 전통차 마시는 습관을 길이 보전하고 차인들의 결속을 다지기 위해 유당·아천·태정·다농·경해·무전 여섯 분이 차모임을 만들자고 뜻을 모았습니다. 아인은 모임을 발기하고 조직하는 것을 도와주었습니다. 고문격으로 효당이 있었고, 비봉루의 은초도 찻자리를 제공하였습니다. 회장은 태정 김창문, 총무는 무전 최규진이 맡았습니다. 처음에는 회장으로 아천이 맡아 주었으면 했으나, 차인회는 다른 모임과는 달리 지위를 떠나 순수 소박해야 한다는 뜻을 세워 열성적인 회원을 우선으로 임원진에 추대하였습니다. 이렇게 해서 1969년 10월에 전국 최초로 진주에서 '진주차례회'라는 이름의 차회가 결성되었습니다.

∷ 강우차회 차생활 연구지 《화백차론》 창간호부터 14호(2005)까지 — 청

진주차례회는 1969년 10월 1일에 발족되어 활동을 시작하였으며, 김재생 교수의 인연을 통하여 1970년 4월 1일에는 일본 나고야 차도회 오모토센케(表千家) 차도사장(茶道師匠) 요시다(吉田) 일행 다섯 분을 초청하여, 한·일 차문화 교례회를 열었습니다. 대아고등학교 교장실, 다솔사, 남해 하천재에서 차회를 열었습니다. 요시다 선생은 한·일 사이에 차문화 교류를 자주 하자고 제안했고, 차 공원(tea park) 같은 것을 세운다면 재미있을 것이라고 말하기도 하였습니다. 차 마시는 법은 그때까지도 일정한 모양새를 갖추지 못하여 방법을 고민하고 있는 터였습니다. 일본과 함께하기로 한 차문화 교류도 그런 고민에서 비롯된 것이었습니다. 그 뒤 진주차례회는 1977년에 '진주차도회'로, 1979년에

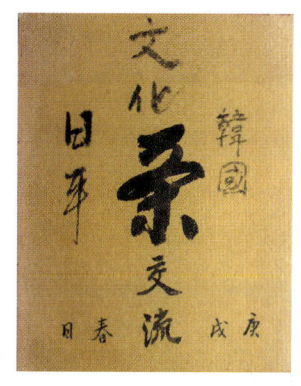

::한·일 차문화 교류회 휘호 — ㉛

::다솔사 죽로지실에서 연 한·일 친선차회 — ㉛

'진주차인회'로 이름을 바꾸어 오늘까지 이르게 되었습니다. 1977년 1월 16일에는 당시 사천 다솔사 주지였던 효당 스님을 중심으로 전국 규모의 차모임이라고 할 수 있는 '한국차도회'가 다솔사에서 발족되었습니다.

### • 한국 차문화의 길잡이 《한국의 차도》

효당은 한국 차생활 문화를 다룬 《한국의 차도》(1973)라는 책을 남겼습니다. 그의 차도관은 이미 젊은 시절 다솔사에서 확립되었고 원효교학의 연구와 일본 유학으로 다져졌습니다. 《한국의 차도》가 보련각에서 출판되기 이전에, 《한국차생활사》(韓國茶生活史)라는 24쪽으로 된 유인물이 1966년 12월, 차성 초의 적후(寂後) 100년을 기리며 다솔사에서 간행되었습니다. 일본 도쿄에 있는 교포 김정주의 부탁으로 효당이 구술한 것을 정서한 것입니다. 김정주는 일본에 훌륭한 차문화가 있어서 부럽기도 하거니와 한편으로는 부끄러워, 한국에는 차문화가 없는가 하는 물음을 풀어 달라고 효당에게 간청하였다고 합니다. 이 사실은 아주 중요한 일이므로 좀더 이야기할 필요가 있습니다.

차례는 '一. 서언 / 二. 차생활의 사적 고찰 / 1. 신라시대 / 2. 고려시대 / 3. 조선왕조시대 / 三. 차도(茶道) / 四. 차례(茶禮) / 五. 결어'로 되어 있었습니다. '서언'(머리말)이 시작되기 전에 '차시'(茶詩)를 먼저 붙였습니다.

(차성 초의선사께서 쌍수도인 완당 김정희 선생께 보낸 시)
효당 최범술 옮김

인생의 천만사는 그 소종래를 따져 보면
봄눈처럼 허무한 것이나
그 생활 중에 이 같은 일단만은
그 뉘라서 깎아 없애랴!

화랑차게 맑은 가을밤 달빛 같아서
청적이나 화경을 가져 그 맑음을
비할 수 없어라.

잘생기고 못생김을 그 뉘라서 의논하며
진짜니 가짜니 다 한 가지 초절키만 해
구원실성의 불기고 보매
그 뉘라서 향화의 옛 연분 맺었다 하리

똑같이 진짜나 가짜를 찾아볼 곳도 없고
함께 살자 죽자고 껴안을 나위도 없어라

그래도 어느 한 모퉁이에서
그 참된 면목을 나타내주며
그러할 무렵마다 환희스러워
어떠한 심정인지 더욱 간절키만 해

준엄한 삼십주장의 관문 있다 해도
부질없이 세연 따라 대비원을 행하자니

문득 그 자리가 청정무구한
유마거사의 방장실임을 알아볼래라.

옥 같은 아가씨는 때로 천화를 가져 흩으며
만수의 처렴상정은 임의 자재해

향기로운 밥은 어느 곳에도 있고
참된 법문은 말 없는 곳에 얻어들어라

처렴상정의 생활에서는

다시 그 뉘라서 맑아질 것을 원할까 보냐

마치 유마의 불이법문 중에서
삼십육 보살들의 장광설일망정
최후 문수는 묵이부답할 수밖에 없어라

여러분이 알듯이 불타께서 그 임종에 있어
그 도통의 지경인 열반의 뜻을 설파할 때에
광명과 정대와 자비성을 ∴「伊」자에 겨누니

이 삼점의 배열을 세로나(시간적) 가로(공간적)하면
알지 못하게 될 ∴ 이자라 해

그러기에 굳이 나에게 말을 하라면 지은보은하는
감사의 기쁨을 가져 먹기로만 하면
비록 어쿠일망정 허용 되리나?

이어서 1970년 8월에 2차로 간행된 28쪽짜리 《한국차생활사》 '머리말'에는 다음과 같이 저자의 글이 씌어 있습니다.

:: 《한국차생활사》와 《한국의 차도》 — ㉝

이 책은 1966년 12월 10일경 일본 동경에 있는 교포 김정주씨가 나 있는 봉명산 다솔사에 와서 청하므로 그 청에 못 이겨 나의 구술을 김종해씨가 필수하고 변창헌씨가 정서하여 이미 동경서 김정주씨가 일역하여 간행하고 1967년 1월경에 당시 사천 군수 김상조씨가 150부 정도로 유인한 후 그해 2월 1일 하동 군수 손영식씨가 석판으로 350부, 그후《대한불교신문》에 6회 연재되었으며, 다시 해인대학 동창회보《산해지》(山海誌)에, 또 금년 3월경에 6차로 진주시 대아고등학교장 박종한씨에 의하여 프린트 인쇄로 400부 간행된 바 있었다.

다시 각계 동호자의 수요에 응하고자 이에 〈차와 멋〉 시를 가하여 다시 한정된 유인물로 간행하는 바이다.

차례는 '1. 서언 / 2. 차생활의 사적 고찰 ① 신라 시대 ② 고려 시대 ③ 조선 왕조 시대 ㉠ 차신전 ㉡ 절목 / 3. 차도 / 4. 차례 / 5. 우리나라 유일의 죽로차 / 6. 결어 / 부록: 차시'의 순서로 되어 있었습니다. 1, 2차에 걸친 소박한 소책자를 바탕으로 하여 효당은 7년 동안 자료를 수집 정리하고 내용을 보완해서, 1973년에 서울 보련각(寶蓮閣)에서《한국의 차도》를 출판했습니다. 한국 최초의 차책이 햇빛을 보게 된 것입니다. 차례와 그에 따른 쪽수는 다음과 같습니다.

- 서문 서언 15 / • 차생활의 사적고찰 20 / • 차도용심…차생활의 실제 34 / • 차도 57 / • 차례 67 / • 차와 선 73 / • 차와 멋 78 / • 한국의 차인들 91 / • 차의 내일을 위하여 130 / • 부록 부록을 붙이는 데 있어서 161 / • 육우차경절록(초록) 163 / • 대관차론 송 · 휘종 201 / • 차신전 229 / • 동차송 237 / • 동차송 원문 292 / • 색인 301  (총 308쪽)

엄밀하게 보면 부족한 점도 있겠지만, 지방색이 가미된 구수한 생활 현장의 이야기체는 뒤에 나온 어느 차책보다 재미있습니다. 부분

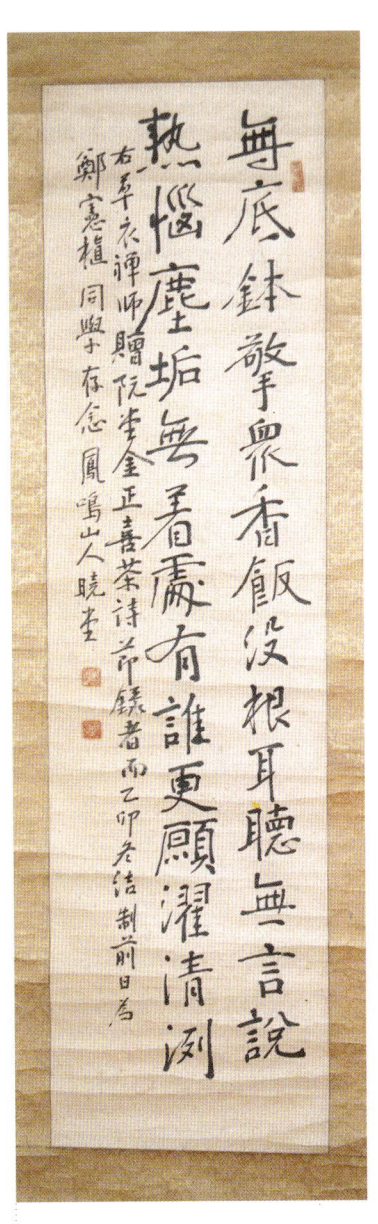

:: 효당은 초의가 추사에게 보낸 시 일부를 즐겨 써서 손님들에게 주었다 — 정

과 전체를 아우르는 실천적 노력과 차를 사랑하는 마음, 차로써 대사회성을 깨달을 수 있다는 신념이 아로새겨져 있습니다. 책을 읽다 보면 면밀한 이성적 판단이 바탕으로 깔려 있다는 것을 알게 됩니다.

《한국의 차도》는 차생활에 관한 정보가 거의 없던 한국의 현실에 빛이 되어 주었습니다. 내용은 오늘날 많은 차책의 모델이 되었고, 체계는 항목마다 유연성을 가지고 있어서 독자의 창의력을 이끌어 냅니다. 중국과 일본의 차문화는 말할 것도 없고 세계 차문화를 충분히 흡수할 수 있게 하였습니다. 이러한 불씨로 하여금 한국은 차가 성했던 가야와 신라를 지나 고려를 거쳐 다산·초의·추사 선생이 차에 대한 열정을 불태웠던 조선 후기에서 끝나지 않고, 오늘날까지 한국 차생활사의 맥을 이을 수 있도록 하였습니다.

- '한국차도회'의 발족

1977년 1월 16일에 다솔사에서 '한국차도회'가 발족하였습니다. 한국에서는 처음으로 여는 전국 규모의 차모임이었습니다. 효당 스님은 13세에 다솔사에 입문하여 해인사를 거쳐 76세로 서울에서 입적하기까지 60여 년 동안 다솔사에 머물면서 원효성사 교학의 복원과 차선삼매 생활로 일관했습니다.

다솔사 큰방 '죽로지실'에는 늘 차도구와 화로, 큰 차통이 있었고, 글을 쓸 수 있는 지필묵이 갖춰져 있었습니다. 큰방 벽을 따라 빙 둘러 불교서적과 차책으로 가득 찬 철제 캐비닛이 있었고, 붙어 있는 벽장 방에는 귀하고 묘한 물건들이 있어 필요할 때면 꺼내어 자초지종을 설명해 주기도 하였습니다. 언제나 누구에게나 차를 대접할 수 있도록 화로 위의 무쇠 주전자에는 늘 물이 끓고 있었습니다. 숯불은 재로써 강약을 조절하였습니다. 손님이 오시면 부손으로 재를 거두고 큰 박 숯통에 있는 숯을 몇 개 더해 주면 재 속에 묻혔던 숯불이 발갛게 빛을 냅니다. 그러면 주전자에서 물 끓는 소리가 더욱 요란해집니다. 사시사철 언제나 차 한 잔이 있었지만, '겨울에는 따뜻하게 여름에는 시원하게'라는 말처럼, 여름에 귀한 손님이 오시면 얼음물에 가루차를 타서 대접하시곤 하였습니다.

다솔사 대양루 강당에서는 대학생들이 효당 스님의 차 강의를 듣고, 차생활이나 사람살이에 대한 토론을 벌이기도 하였습니다. 여름방학이나 겨울방학 때면 경향 각지 대학생들이 동아리로 또는 몇몇이 모여들어 수련회를 열고 효당의 차생활을 배웠습니다. 며칠 있다가 가는 사람이 있는가 하면, 노전(스님들의 숙소)에는 스님들이, 다솔사 위로 조금 떨어져 있는 봉일암에는 학생들이 오랜 기간 머물면

:: 손님맞이 차회(2006. 5. 13., 다솔사 죽로지실)

서 차생활이나 원효사상에 기초한 불교를 배웠습니다. 원효대사가 해설을 붙인 〈반야심경〉(복원소)은 중요한 학과목이었습니다. 저녁 공양을 하고 나면 큰방에서 차 마시기를 시작으로 밤늦게까지 갖가지 이야기가 이어졌습니다.

그러는 동안에 다솔사 식구들은 차생활에 대한 일반인들의 관심과 욕구가 높아져 가는 것을 느끼고, 차도회와 같은 모임을 만들어 차생활을 조직적으로 보급하는 것이 어떨까 하는 생각을 하게 되었습니다. 이것이 한국차도회를 결성하는 발단이 된 셈입니다.

효당은 "차는 자연스럽게 마시는 것이지 무슨 조직을 하여 억지가 끼면 안 된다"고 하는 견해를 가지고 있었습니다. 그러나 채원화는 일찍이 그 필요성과 당위성에 대해 이렇게 강조했습니다. "오늘날 많은 젊은이들이 방황하고 있는데, 차생활을 통하여 그 젊음의 열기와 객기를 바로잡아 건강하고 조화로운 생활이 되도록 하고, 또 그

참된 가치관을 세워서 사회 발전에 이바지하게 하면 좋겠습니다. 그리고 기성인들은 기성인들 나름대로 차생활을 통해 각박한 삶에서 적절한 심신의 조화를 얻어 더 살기 좋은 세상을 이루는 데 한몫을 하도록 하면 참으로 뜻있고 좋을 것입니다."

이런 권유를 무시해 오다가 1976년쯤 비로소 효당은 뜻을 받아들였습니다. 그해 봄에 차도회를 열기로 계획하고, 그에 대한 사무적인 업무는 절에 머물고 있던 채원화가 거의 맡아 처리하였습니다. 일반 스님이 해야 할 일을 그분이 하게 된 동기는, 오래전부터 다솔사가 불교 종단에 관계되는 일로 재판 중이었기 때문입니다. 그 무렵 절 사정은 몹시 어려웠고, 그렇게 되고 보니 다솔사 안에서는 이렇다 할 머리 깎은 스님이나 신도가 없었습니다. 당시만 해도 대부분의 사람들은 차를 잘 몰랐고, 어쩌다 지리산 절 주변에서 비벼 말린 찻잎을 달여 낸, 진한 붉은색 쓴 차를 마셔 보는 정도였습니다. 이렇다 보니 그나마 스님과 인연이 닿아 차 한 잔을 마셔 볼 때면, 신기하기 그지없는 듯 두리번거리면서 찻잔을 잡게 되고, 자연스러워야 할 찻자리가 긴장되기 일쑤였습니다. 이러한 상황을 감안하면서 채원화는 스님과 함께 차도회에 관한 일을 준비해 갔습니다. 먼저 '한국차도회' 창립 발기인을 선정하는 데, 차를 한 번도 마셔 보지 않은 사람은 피하고, 효당 스님과 마주앉아 차를 한 번이라도 접해 본 사람을 골라 100여 명을 초대하기로 하였습니다.

명칭은 '한국차도회'로 정하고 본부는 효당이 머무는 '경남 사천군 곤명면 원효불교 다솔사'로 삼기로 하였습니다. 또 지부는 진주·부산·대구·광주·대전·서울 등지로 우선 정해 놓고, 차츰 전국으로 확대해 나가기로 했습니다. 이렇게 대략적인 계획을 세우고 막상 봄이 되어 모임을 열려고 하니, 다솔사 살림이 여러 가지로 궁색하여 마음에 걸렸습니다. 산속에 여러 사람들을 초대하는 일이라 적어도 하룻밤을 재워야 하는데, 이부자리가 충분하지 못하였습니다. 그리하여 다시 여름으로 미뤘다가 큰 법란을 만나게 되었습니다.

일제강점기 대부분의 스님들이 그러하듯이 효당도 뒷날 결혼을 하여 이른바 대처승이 되었습니다. 1970년대 초부터 조계종과 대처승 사이에 재산문제로 선암사를 비롯해 절집 이곳저곳에서 큰 분쟁이 끊이지 않았습니다. 사실 대처승과 비구승의 싸움은 아직도 엄밀하게 논의해야 할 점이 한두 가지가 아니지만, 일제강점기로 말미암아 한국역사의 흐름 속에 갈등 요소를 이미 품고 있었고, 해방 후 1954년 5월 21일에 발표된 이승만 대통령의 '불교정화유시'(佛敎淨化諭示)가 그것에 불을 붙였습니다. 그 싸움은 불교 종단의 내분과 함께 문화풍토를 황폐화한 한국 현대 문화사의 최대 비극이라고 할 만한 사건이었습니다.

다솔사도 그 싸움에 휘말렸습니다. 효당 스님은 다솔사를 '원효불교' 본사로 만들어 조계종으로부터 독립하고자 하였습니다. 그러나 이에 반발한 조계종 측에서는 주지 발령을 받은 사람을 앞세워 이런저런 사람을 끌어 모아 다솔사로 강제 진입하여 머물면서, 사사건건 시비하고 투쟁을 벌였습니다. 삼천포경찰서 소속 경찰이나 형사들이 자주 오가고, 사천군 당국에서 중재해 보려고도 하였으나, 해결의 실마리는 보이지 않았고 팽팽한 긴장감만 돌고 있었습니다.

사정이 이렇게 되다 보니 스님은 모임을 또 미루고자 하였습니다. 그러나 채원화는 더 미루면 모처럼 피어오른 차도회 결성 의지가 무산될 것 같아, 스님 몰래 초대장을 작성하여 서둘러 우송하고 스님께는 나중에 보고하였습니다. 그동안 스님을 찾아 온 뜻있는 이들에게 차도회 발족을 공공연히 이야기하면서 동참을 권유해 왔기 때문에, 말에 대한 책임도 져야 했습니다.

우여곡절 끝에 1977년 1월 15일 오후 1시부터 16일 오후 1시까지 다솔사 큰방 죽로지실에서 '한국차도회'가 결성되었습니다. 이전에도 '진주차인회'와 같은 동우회 성격의 차모임은 몇 있었지만 전국 규모의 모임은 처음이었습니다. 100여 명을 초대했는데 첫날 참가한 이는 40여 명, 이튿날에 10여 명이 더 참석하여 50여 명이 되었습니다. 그들 가운데는 나중에 결성된 한국차인연합회 발족에 중요한 구실을 한 이도 많았습니다.

이렇게 발족한 '한국차도회' 창립 과정에 있었던 몇 가지 중요한 내용은 다음과 같습니다.

먼저 초대의 글은 이러했습니다.

> 丙辰年을 보내고 丁巳年을 맞아 茶同好人 여러분께 오는 새해의 인사를 드립니다. 금번 이곳 다솔사에서 고래로 전승되어 온 茶道의 모색과 차도의 미래 방향을 위한 茶話를 가졌으면 하는 衷情에서 평소 茶를 즐기며 뜻을 같이하는 분들과 함께 조출한 자리를 마련하고자 합니다. 부디 여러 茶人들께서 참석하시어 이번 茶會를 빛내 주기 바라오며 부처님의 大慈悲가 여러분 가정에 충만하기를 기원합니다.
>
> 丁巳 元旦 曉堂 崔凡述 合掌

茶會日時 : 1977년 1월 15일 오후 1시~16일 오후 1시(2일간)
茶會場所 : 다솔사 죽로지실
茶 果 費 : 매인당 3천원

차회의 개회에 앞서 효당은 이러한 인사말을 하였습니다.

차를 알고 차를 즐기며 차와 같이 생활하는 우리들이 모였습니다. 쓰고 떫고 시고 짜고 단 그 모든 것을 맛보고 힘써 나아가 알뜰한 살림살이를 하는 사람들이 바로 차를 하는 이 자리에 모인 우리들입니다. 이는 인간성의 평등과 건실한 인간 생활의 중정의 대도를 실천하는 것이며 광대무변한 대자비이며, 만 인간이 향유해야 할 무사심의 대화입니다. 이는 깨끗하고 때 없는 청정에 있고, 이것이 우리에게는 감격의 환희와 보은의 생활에서 체득하여지는 성스러운 차생활인 것입니다. 또한 나아가서 국가와 민족이 우리 차인들에게 바라는 사명감을 절실히 느껴서 오늘날 이 모임을 갖게 된 것입니다. 차의 뜻을 알고 우리 겨레의 유구한 역사적 사명을 의식한 우리들은 이 화합을 계기로 우리들의 뜻을 공동으로 성취하도록 좋은 말씀 있으시기 바랍니다.

임시의장은 연세대학교 윤병상 교수가 맡고, 전형위원과 규약제정위원을 뽑아 회의를 진행해 나갔습니다. 윤병상·김종희·김상조·박종한·강석희·문후근·엄봉섭·박건재·채원화 등이 주로 위원직을 맡아, 정관과 규약, 취지와 목적 등을 정했습니다. 그들 말고도, 황수로·김규현·김화수·여연 스님 등은 그때 한국차도회 창립총회에 참석하고, 지금도 차도계에서 활동하고 있습니다. 그때 초대되었지만 참석하지 못한 사람들에는 한웅빈·안광석·오제봉·김미희·전보삼·장은정·신대용·정원호·철웅 스님 등이 있습니다. 예술계·학계·법조계뿐만 아니라, 일반인과 학생이 초대되었고 또 참석하였습니다.

그들은 이틀에 걸쳐 회의를 거듭하며 차도회를 결성하였습니다. 법란 중이라 삼천포경찰서 경찰관들이 절 주위를 삼엄히 경비하는 가운데 일정을 강행했습니다. 자칫하면 무산될 수도 있었던 절박한 상황이었습니다. 그럼에도 참석했던 분들의 열성으로 차도회의 발족은 순순히 진행되었습니다.

정식으로 한국차도회가 창립되어 회장으로 선출된 효당 스님이 인사 말씀을 하였습니다.

> 차도회의 창립을 보게 됨을 진심으로 기쁘게 생각합니다. 나이가 찬 이 사람이 큰일을 감당할 수 있을지 의문입니다만 본인은 차를 통한 공고한 결속으로 차를 알고 차를 즐기며 차와 같이 생활하는 동지들께서 본인의 충정을 이해하시어 함께 힘찬 발전을 기약합시다. 본인은 온 힘을 다하여 우리 고유의 차문화를 후인들에게 넘기는 다리의 역할을 다할 각오입니다. 많은 협조를 바라 마지않습니다. 대단히 감사합니다.

효당을 회장으로 하여 탄생한 한국차도회는 본부를 다솔사로 삼고, 지회는 서울지구(지회장: 청사 안광석), 부산지구(지회장: 청남 오제봉), 대구지구(지회장: 토우 김종희), 광주지구(지회장: 의재 허백련), 대전지구(지회장: 윤병규), 진주지구(지회장: 은초 정명수)를 두었습니다. 실제적인 일은 상임이사(박종한), 재무이사(채원화) 등이 주관하기로 하고, 간사는 다솔사에서 효당을 모시고 실제로 일을 도울 수 있는 약간 명으로 구성하였습니다.

1월에 발족한 한국차도회가 그해 8월에 다시 다솔사에서 총회를 열기로 했습니다. 그러나 오랫동안 끌어 온 종교 분쟁으로 조계종단의 힘에 밀려, 효당 스님을 비롯한 다솔사 식구들은 다솔사를 떠나 서울로 가야만 했습니다. 효당은 지병으로 1978년에 서울대병원에 입원하여 대수술을 받았고, 퇴원해서는 서울 종로구 팔판동에 머물다 1979년에 입적합니다.

• '일지암' 복원과 '한국차인회' 창립

'한국차인회' 결성이 거론되면서 한국차도회 결성 때 주요 임원이었던 몇 분들은 다시 큰 구실을 하게 되었습니다. 한국차도회는 본부인 다솔사를 떠나게 되었고, 회장이 몸조차 가눌 수 없게 되었으니 이미 쓰러질 지경에 이르렀던 것입니다. 한국차도회에 대한 미련을 버린 효당은 병든 몸을 이끌고 '한국차인회' 발족을 위해 많은 조언을 해 주었습니다. 실무진들이 팔판동의 스님 처소로 들락거렸습니다. 결국 한국차도회가 한국차인회의 모태가 되었음을 부인할 수 없습니다.

차생활 문화운동은 1980년대에 접어들면서 전국으로 퍼져 갔습니다. 효당 스님이 돌아가신 뒤 문화운동의 중심에는 언제나 아인 선생이 있었습니다. 당시 고군분투하던 아인 곁으로 강력한 후원자가 나타났습니다. 그가 바로 이름난 국제적 로비활동가이자 재력가인 박동선씨였습니다. 아인과 박동선은 남해 하천재에서 차생활 문화운동에 대하여 깊이 있는 담론을 하고 서로 뜻이 맞아서 그 운동에 적극 동참하기로 하고 바로 사업을 시작하였습니다. 먼저 보성 차밭 7만 평을 3천만 원에 사들이고, 우리나라 차성 초의선사가 주거하던 일지암(一枝庵) 재건사업에 들어갔습니다. 일지암 재건은 보성에서 해남으로 가는 차 안에서 아인이 박동선에게 제의한 것입니다. 그런 과정 속에서 일지암복원추진위원회를 만들었는데, 위원장에 김봉호(대둔학회장), 명예위원장에 안동성(대흥사 주지), 고문에 효당, 안광석, 이방자 여사, 박동선(지금의 한국차인회 이사장)으로 정하였습니다.

그들은 초의선사의 제자라고 할 수 있는 박응송 스님을 모시고, 해남 대흥사 일지암 터를 찾았습니다. 김봉호 등 사업에 참여한 각 지역 인사들은 막걸리와 돼지머리를 놓고 바로 기공식을 올렸습니다.

::일지암 건물 – ⑳

이어서 서울 오류동 별장에 진주 사람 세 명을 포함해서 열세 명이 모여 '한국차인회'를 발기하였습니다. 발기인 대표는 최범술·박태영·박종한·김미희 네 분으로 하였습니다. 서울 무역회관에서 창립행사를 가지고, 회장에 차나무 연구가인 식물학자 이덕봉 서울대 교수를 선임하고, 부회장에 아인과 명원 김미희 여사, 그리고 고문에 박동선이 추대되었습니다(1979년 1월 20일). 지금은 대략 전국 140개의 차회로 구성되어 있다고 합니다.

한국차인회는 1980년 4월에 해남 대흥사 일지암을 복원하였습니다. 그 터는 아인을 비롯한 차인들이 연로한 응송 스님을 부축하며 두륜산 일대를 조사하여 찾아낸 것입니다. 여러 사람들의 노고와 헌금으로 그 일을 해낼 수 있었습니다. 복원작업의 건축설계는 에밀레 박물관의 조자용 선생이 맡았고, 시공은 해남차인회 회장 김봉호가

:: 일지암 터를 찾아서(1979. 3.) — ㉗
박종한(왼쪽), 응송 스님(등에 업힌 이), 조자용(푯말 든 이)

:: 일지암 터를 찾아 푯말을 박다 — ㉗
왼쪽에 앉은 이부터 시계 방향으로 김두만, 박종한, 조자용, 김봉호, 응송 스님

하였습니다. 설계자 조자용은 아인의 친구로서 미국 하버드대학에서 동양건축학을 전공했습니다. 일지암의 설계방식은 호남지방의 초가집과 중국 육우의 '삼계정'(三癸亭), 그리고 일본 센 리큐의 '다이안'(待菴)의 방장(方丈, 1평)을 참조하였습니다. 재목은 여수에서 고가를 구입, 해체하여 옮겨 온 것입니다. 차실 일지암과 부속건물인 초의다합, 그리고 연못이 기본인데, 최근 기거하던 스님이 불사를 일으켜 초의상도 세우고 불당을 더 지었습니다. 더욱이 여연 스님의 일지암에 대한 애정은 남다른 데가 있어 두륜산 골짜기는 따뜻한 차향으로 가득합니다.

사단법인 한국차인회(Korea Traditional Tea Culture Association)는 1979년 1월 20일에 전통 차문화 발전에 뜻을 둔 전국 차인이 서울에 모여 '한국차인회'란 명칭으로 발족한 것입니다. 설립 목적은 국내외 차인들의 모임인 단위 단체를 육성하고 국민 차생활의 전통을 계승 발전시켜 국민 정신을 함양하는 데 있습니다. 사단법인 한국차인회는 그 목적을 이루기 위하여 다음과 같은 사업을 추구하고 있습니다.

1. 전통 차문화 연구 및 자노대학 설치 운영
2. 차 및 차도구 생산 진흥
3. 국민의 차생활 보급 및 예절 보급
4. 국내외의 차문화 교류
5. 차문화 진흥을 위한 홍보활동 및 책자 발간

한국차인회의 주요 연혁은 대략 이러합니다.

| | |
|---|---|
| 1979. 1. 20 | 창립(무역회관) |
| 1980. 4. 6 | 일지암 복원(해남 대둔산) |
| 1981. 5. 25 | '차의 날' 제정선포(진주 촉석루) 및 매년 기념행사 개최 대렴공 차시배지 추원비 건립(하동 쌍계사) |
| 1991. 8. 8~16 | 제17회 세계잼버리 참가, 세계 청소년 차문화 교육 시행(강원도 고성) |
| 1993. 5. 25 | 올해의 명차 선정 시상(매년 차의 날) |
| 1993. 10. 11~ | 한국차도대학원 설립 운영 |
| 1993. 12. 19 | 한국 청소년 차문화 대전 매년 개최 |
| 1996. 5. 25~28 | 제4회 국제 차문화(연토) 서울대회 개최(16개국 참가) |
| 1997. 5 | 문화체육부 선정 '초의의 달' 추천 및 행사 주최 |
| 2001. 12 | 올해의 차인상 시상(매년 12월) 초의선사를 '차성'(茶聖)으로, 한재 이목 선생을 '차선'(茶仙)으로 추앙 |
| 2006. 5. 4 | 팔도 차문화 큰잔치 개최(제3회 하이서울페스티벌 행사 참여) |

그밖에도 차문화 학술 및 행다례 연구발표대회 개최, 차문화 도구 전시회 개최, 국제 차문화 교류, 보성다향제 참가, 차문화 관계국 차문화 답사, 초의선사 추모제, 다산 정약용 선생 추모 헌다례, 추사 김정희 선생 추모 헌다례, 임원 및 단위 차회장 연수회 개최, 국내 주거 외국인을 위한 차문화 대전 개최, 시민을 위한 차 시음회 및 차문화 강좌 개최, 전국 회원을 위한 연수회 개최, 그리고 《차인》(茶人)이라는 잡지를 펴내는 등 많은 행사를 치렀습니다.

또 차생활 예절로 도덕성 회복 운동을 하고 있는데, 취지는 이러합니다.

차문화는 동양문화권의 모든 문화의 바탕에 뿌리가 되어 왔으며, 삼국통일 위업을 달성한 신라의 정신적 혼의 응집인 화랑도의 차정신 등 차문화의 꽃을 피웠던 삼국시대와 고려시대의 전통 차문화 예절을 되살려 오늘의 생활 예절로 개발 보급함으로써 대내적으로는 국민정신의 순화와 도덕성의 회복, 대외적으로는 우리 민족의 아름다운 예절 정신의 선양에 기여하고자 합니다.

그 목적은 이렇게 설정하였습니다.

오랜 역사의 전통문화 가운데 하나인 우리나라 차문화에 따르는 예절을 바르게 이해하는 계기를 마련하고, 차문화와 전통 예절을 알림으로써 현대의 예절과 질서의식의 함양 등 예절문화를 정립하여, 모든 국민에게 우리 것에 대한 자긍심을 깨닫게 하고 바른 인간성의 가치와 도덕성 회복으로 가정, 사회, 민족의 대화합의 기운을 조성하여 공동체 의식 함양은 물론 민족의 힘과 정신의 정립에 기여하고자 합니다.

    차문화 예절이 생활화되면
      인(仁)으로써 사람을 가장 중요하게 생각하는 마음이 생길 것이며,
      의(義)로써 올바른 사회규범을 따르는 마음이 생기고,

예(禮)로써 사회질서를 지키는 마음이 만들어질 것이며,
지(智)로써 자기 자신을 닦는 배움의 길이 열릴 것이다.
또한 신(信)으로써 사람을 믿는 마음이 생길 것이며,
덕(德)으로써 공정하고 포용성 있는 마음이 만들어질 것이고,
충(忠), 효(孝)로 낳고 길러준 부모와 사회를 위하는 마음이 커질 것입니다.

이 모든 것이 조화롭게 이루어지면 각 가정이 화목해지고 사회의 안정과 나라의 부강은 당연한 결과가 될 것입니다. 그러므로 우리 모두는 다음과 같은 차문화생활로써 아름다운 사회를 만들어 가는 데 동참하기를 주저 말아야 할 것입니다.

- 음차(飮茶) 생활로 건강한 몸과 마음을 만들어 화목한 가족, 서로 신뢰하는 사회를 만든다.
- 진차(進茶) 예절로 어른을 공경하는 효친사상을 배운다.
- 헌차(獻茶) 의식으로 나라와 조상을 받들고 기리는 충과 효를 실천한다.
- 차도(茶道)로써 마음을 밝히고 예를 가지고 덕을 쌓아 군자와 같이 사특함이 없는 선비정신을 닦는다.

이상과 같이 한국차인회의 설립 목적과 취지, 그리고 도덕성 회복 운동에 관하여 소개하였습니다. 차문화운동을 통해 진주 차맛이 한국의 차맛을 대표하게 되었다고 하지만, 다른 지역 차맛 역시 한국의 차맛을 더욱 깊고 그윽하게 하는 데 알게 모르게 큰 몫을 했다는 것은 당연한 이치입니다. 진주 차맛이 유별난 탓으로 현대 차문화사에 기여하였다고 하더라도, 앞으로 구실이 보잘것없어 한국 차문화 발전에 힘을 실어 주지 못한다면, 진주 차맛은 제 맛을 잃어버릴 것입니다.

- **'차의 날' 선포와 대렴공 추원비 건립**

5월 25일은 '차의 날'입니다. 이는 1981년 5월 25일에 진주 촉석루에서 진주차인회 주관으로 민족의 차문화 전통을 전승하고 새로운 차문화를 창조하려는 뜻에서 정한 것입니다. 그 날을 차의 날로 제정하게 된 것은 입춘에서 백일쯤 되는 날이기 때문입니다. 입춘에 차나무가 겨울잠에서 깨어나고 백일이 될 때 새싹을 맺는 축복 받는 날이라 하여, 아기들의 백일잔치와 같은 뜻이 담겨 있습니다.

전국 회원들이 참석한 이 날 행사는 '차의 날 제정 선언'과 함께, 당나라에서 차 종자를 가져왔던 대렴공의 은공을 기리기 위해 차 첫 재배지인 하동 쌍계사 계곡에 높이 6척의 추원비를 세웠습니다. 추원비는 고운 최치원 선생이 쓴 신라 차승 〈진감선사대공탑비〉가 서 있는 유서 깊은 쌍계사 입구에 건립하고 추모헌차례를 열었습니다. 비용은 전국 차인의 성금으로 마련하였습니다. 이 일에는 특히 수고해 주신 분들이 있는데, 선언문을 기초한 아인, 당시 진주차인회 총무를 맡은 김기원 진주산업대 교수, 도예가 한완수, 비문을 써 준 해인사 일타 스님, 물심양면 지원한 태평양화학 서정환 회장, 한국차인회 임원과 이덕봉 회장, 그리고 박동선 고문, 박태영씨 등입니다.

아인 박종한 선생은 "차의 날을 제정하게 된 이유는 당시 우리나라 국민들이 우리나라에 녹차가 있다는 것을 잘 모르고 있었을 뿐만 아니라, 녹차를 마시는 사람도 차를 단순한 음료로만 생각하고 차와 관련된 예절이나 차를 통한 정신 수양을 위한 차선(茶禪)이나 또 차와 관련된 예술 부분 등의 차문화에 대해서는 인식이 없는 상태였습니다. 그래서 차의 날을 통해서 전통 차문화를 이해시키고, 차를 통하여 건전한 국민성을 배양하는 국민운동으로 승화시키는 데 그 뜻

::대렴공의 차 첫 재배지 추원비 —정

이 있었습니다. 그리고 다산 정약용 선생의 '술은 나라를 망하게 하고 차는 나라를 흥하게 한다'(愛酒亡國 愛茶興國)는 유지를 실천하려는 마음도 담겨 있었습니다"라고 취지를 전하였습니다.

1981년에 촉석루에서 선포한 '차의 날 제정 선언문'은 다음과 같습니다.

## 【 차의 날 제정 선언문 】

깃을 지닌 새들은 날고, 털을 지닌 짐승은 달리고, 사람은 입을 열어 말을 한다. 이 삼자는 다 같이 천지간에서 살면서, 물을 쪼거나 마심으로써 살아간다. 마신다는 것은 인간의 기원과 같이 실로 유구하며 물을 데워서 마신다는 것은 문화생활의 시발이라고 할 수 있다. 그러므로 문화 민족에게는 제 나름대로 독특한 음료가 있다. 우리 민족도 예로부터 나뭇잎을 따서 마신 백산차도 있었고, 오곡을 볶아 우려 마시기도 하고, 나무 열매를 달여 마시기도 하였다.

차가 우리나라에 성행하게 된 것은 신라 흥덕왕 때부터였고 그후 천 년 동안 차는 우리 민족에게 예절 바른 생활을 낳게 하였다. 사색을 즐기는 성품을 기르고, 풍류의 멋을 가꾸어 오면서 나라와 겨레의 후생을 두텁게 해왔다. 이와 같은 민족의 차문화 전통을 전승하고, 새로 한국 차문화를 창조하려는 뜻으로, 입춘에서 100일에 즈음하여 햇차가 나오는 5월 25일로 차의 날을 제정하였다. 또 이 날을 기하여 신라 견당사 김대렴의 차 시배지인 지리산 쌍계사 계곡에 공의 유덕을 기리는 추원비를 세우게 되었다.

일찍이 다산은 술 마시기를 좋아하는 나라는 망하고 차 마시기 좋아하는 민족은 흥한다고 하여 차신계를 만들어 차 마시기 운동을 편 바 있었다. 그리고 초의대사는 《동차송》을 지었고, 중국차보다 우리나라 차가 뒤질 이유가 없다며 우리나라 차를 찬양한 바 있었다. 이와 같이 선현들이 하신 일들은 모두 술 마시는 습관과 외국 차를 좋아하는 폐단을 바로잡기 위한 성스러운 일들이었다.

오늘날 우리가 차의 날을 제정하여 차 마시는 운동을 추진하는 것도 이와 같은 뜻에서 나온 것이다. 허물어져 가는 예절을 바로 세우고, 혼미해 가는 마음을 사색으로 바로잡고 삭막한 정서를 멋의 향기로 순화하여 쪼들리는 가난을 윤택한 살림으로 만들고자 하는 것은 누구나가 다 바라는 바이다. 이러한 변화는, 국민의 생활습관의 개혁에서부터 시작되어야 할 차문화의 생활화를 통하여 이 같은 소망을 성취하고 정착시킬 수 있을 것이다.

오늘 이 차의 날을 기하여 우리 국민들이 우리 차에 대한 인식을 새로이 하고 찬란했던 민족의 차문화가 재조명되어 다시 꽃을 피우는 계기가 되고 우리 것을 되찾아 나가는 참다운 우리의 길이 열려 갈 것을 믿으면서 5월 25일을 차의 날로 제정, 선언하는 바이다.

1981년 5월 25일
사단법인 한국차인회

:: '차의 날' 제정 선포식을 마치고 촉석루에서(1981. 5. 25.) - ⓒ

　이처럼 천여 년이란 오랜 역사를 가졌음에도 단절되어 가던 차문화를 되살리기 위해 많은 사람들이 애를 썼습니다. 그리고 이러한 일들이 진주를 중심으로 이루어졌습니다. 우리나라 차 첫 재배지가 지리산일 뿐만 아니라, 차에 관한 이론과 실천이 뒷받침이 되어 현대 차생활 문화의 발원지는 진주가 되었습니다.

- 차생활로 본 진주와 일본

　진주와 일본의 관계는 한·일 사이의 미묘한 문제를 압축하고 있는 것처럼 보입니다. 진주 사람들은 지금까지도 진주대첩에 나타난 숭고한 구국의 정신과 참담한 희생의 슬픔을 분명하게 기억하고 있습니다. 국립진주박물관은 임진왜란 전문 박물관으로서 그 역사의 흔적들을 보존하고 있으며, 시민과 학생들은 정기적으로 진주성 숲 속에 있는 창렬사의 군·관·민 위패에 향을 피우고 논개 사당에 제향을 올리고 있습니다. 진주 시민에게 임진왜란은 아직도 끝나지 않은 전쟁입니다.

임진왜란을 '도자기 전쟁'이라는 사람이 있거니와, 더구나 차에 관심을 가진 이라면 누구나 주목해 보는 일본의 국보 '이도(井戶) 찻사발'이 진주 지역에서 나온 것(《茶道美術鑑賞辭典》)이라고도 추정합니다. 진주 인근인 진성면·곤명면·진교면에서 출토된 사발의 파편들과 연관 지어 보더라도 한·일의 차문화를 함께 생각하지 않을 수 없습니다. 2003년 5월에 경상남도와 케이비에스 창원방송총국이 주최하여 경남문화예술회관에서 처음으로 열린 '경남찻사발초대전'은 그런 의미에서 더욱 뜻 깊은 전시회라고 할 수 있을 것입니다. 경남지역 시군 작가 백두 명과 일본 자매결연지역(야마구치현) 초청작가 세 명이 각자 다섯 점씩 출품한 큰 전시회였습니다.

일본에서는 전차도(煎茶道)보다는 송나라 시대에 유행하던 관습을 본받아 말차 위주의 점차도(點茶道)가 발달했습니다. 그들은 독특한 차문화를 이루어 차실에서부터 기물 하나하나, 그리고 미세한 행위 동작들까지 미감을 불러일으킵니다. 너무 까다롭기는 하지만 오랜 세월 이어 온 그들의 차생활이 어떠한지는 살펴볼 만합니다. 차를 매개로 행위를 형식화(모양화)하고, 세련미의 정도에 따라 격(眞·行·草)을 나눕니다. 차도뿐만 아니라 그들의 대표적인 문화로서 검도·유도·합기도·공수도 등의 무도(武道)와 노(能)·가부키·분라쿠 등의 예능극(藝能劇) 거의 모두가 '형'(形)이라는 엄격한 행위 동작의 격식을 갖추고 있습니다. 이 점이 우리나라 문화와 크게 다른 점입니다. 형식을 무시한 자기 나름의 행위는 절대로 인정

::진주에서 만들어진 것으로 보는 일본의 이도(井戶) 찻잔

받지 못합니다. 그들의 미세한 행위 동작의 상징성을 이해한다면 '당신은 일본 문화의 정수를 바로 짚고 있다'고 말할 수 있겠습니다.

앞에서 언급한 것으로 그들의 국보 중의 국보인 이도차완(大井戶茶碗, 喜左衛門井戶)은 교토(京都) 다이도쿠지(大德寺) 고호안(孤蓬庵)에 보관되어 있습니다. 황금색으로 찬란하게 빛나는 그것의 높이는 8.2에서 8.9센티미터, 입지름이 15.2에서 15.4센티미터, 굽의 높이는 1.4센티미터, 지름이 5.3에서 5.5센티미터, 무게가 370그램입니다. 조선 초기 작품으로 진주 부근에서 구운 것이라 추정되는데, 진주문화방송의 김석창 프로듀서와 정진근 기자, 그리고 작가 정동주가 일본을 오가며 그것에 얽힌 이야기를 카메라에 담아 〈조선 막사발〉이라는 제목으로 방영하기도 하였습니다.

조선의 도자기는 단정한 기품과 자연스런 풍채를 지니며, 간소하며 소박한 미를 정통적인 미의 표준으로 삼았습니다. 일본 차도의 완성자 센 리큐(千利休)는 그때까지 관심을 끌지 못했던 조선 차완의 꾸밈없는 모습에서 차도 본래의 정신미를 발견했습니다. 간소한 작품,

:: 일본 교토 우라센케 종장 부부와 함께한 강우차회 회원(1998) — ㉛

소박한 모습, 더구나 강함과 웅대함을 감추고 있는 이름 없는 조선의 찻잔을 초기 차인들은 몹시 사랑했습니다.

그런데 도요토미 히데요시가 센 리큐에게 할복자살하도록 명령했습니다. 도요토미 히데요시가 조선 출병을 명령한 때가 1592년 4월이었는데, 출병 한 해 전에 센 리큐에게 할복자살함으로써 사죄할 것을 명령한 것입니다. 천하제일의 차인이자 도요토미 히데요시의 차도 선생이기도 했던 그에게 왜 자살을 명령했는지에 대해서 의견이 분분합니다. 그 가운데서 그가 도요토미 히데요시의 조선 출병을 반대한다는 이유로 처벌되었다는 설이 가장 유력하다고 말합니다. 1996년에 서울에서 한국차인연합회 주관으로 열린 한·중·일 차문화 연토대회에 참석한 우라센케(表千家) 종장(宗匠, 센 리큐의 차도 맥을 이어가는 가계의 대표)도 대표연설을 하다가, "센 리큐의 죽음은 조선 출병 반대에서 비롯되었다"고 말하면서, "차는 곧 평화다"라고 주장했습니다.

최근에 독특한 구조의 차실인 센 리큐의 '다이안'(待庵)이 한국의 민가(民家)를 본따서 만들어졌다는 연구가 발표되었습니다. 또 센 리큐의 지도 아래 찻잔을 굽던 송경(宋慶)은 조선에서 건너간 사람으로 알려졌습니다. 이처럼 센 리큐는 조선과 정신적으로 깊은 관계를 맺고 있었다고 하겠습니다. 분명한 사실은 좀더 두고 봐야 알겠지만, 센 리큐와 더불어 차는 임진왜란과 깊은 관련성이 있고, 차생활의 소박한 미는 조선과 연관되고, 조선 찻잔이나 민가에 대한 애정은 민예운동을 하는 사람들에게 영감의 원천이 되었습니다. 어쨌든 일본의 차 문화사에서 한국은 말할 것도 없지만, 그 가운데서도 진주는 빼놓을 수 없는 연관성을 가지고 있습니다.

진주 차맛이라 하여 단순히 차만을 말할 수 없습니다. 강진의 다산초당을 중심으로 다산 정약용 선생이 차에 대한 열렬한 애정을 키웠고, 해남 대흥사를 중심으로 다산 선생의 아들과 친구가 되는 동갑내기 초의선사와 추사 김정희 선생이 맺은 우정하며, 차에 관한 애절한 사연은 비록 조선 후반기에 일어난 사건일지라도 그분들의 학문이나 사상, 실천력으로 하여금 한국 차문화의 역사를 다채롭게 꾸려가는 계기를 만들어 주었습니다. 그분들이 차를 절실히 요구했고, 차에 대한 글을 남겼기 때문에 진주 차맛도 풍성해질 수 있었던 것입니다. 모두 한국 차문화 발전에 도움이 되는 일임에 틀림없거니와, 광주의 의재 선생과 진주의 효당 스님이 서로 오가며 나눈 정도 지금까지 후학들의 마음을 따뜻하게 감싸주고 있습니다.

지리산의 차나무, 찻사발·차실·박물관·차책, 차회 활동, 한국 차문화운동 등이 진주 차맛의 구성요소가 된다고 하더라도, 이와 때를 같이해서 벌어진, 마치 그물처럼 연결된 '민학운동'(民學運動)이라는 사건 또한 예사로 보아 넘길 일이 아닙니다.

한국의 민예운동은 일본과 연관된 것이 사실이고, 일본의 민예운동 또한 조선의 공예품에서 시작되었습니다. 문화도 서로 주고받으며 자란 교섭의 산물입니다. 일본 민예운동의 선구자인 야나기 무네요시(柳宗悅)의 민예관(民藝觀)에서 찻잔이 중심이 되고 도자기 공예품이 강조되는 것은, 임진왜란 전후시대의 일본 차인들로부터 그 정신을 이어 받았기 때문입니다.

일본의 차철학 중심에는 센 리큐가 있고, 그는 도요토미 히데요시와 떼려야 뗄 수 없는 관계를 맺고 있기 때문에, 진주와 일본의 문제는 생각보다 복잡합니다. 차의 눈으로 이 문제에 관한 새로운 해법을 찾을 필요가 있습니다.

• 진주 차맛의 역사 인식

우리 차의 전통이 조선시대 말엽에 초의선사와 주위 인물들로부터 꽃 피어 오늘에 전해 오게 되었다는 것은 큰 다행이라 아니할 수 없습니다. 초의선사의 차책을 보면 우리 차의 특징과 차의 깊은 아취까지 기록해 우리 전통을 잘 보여 주고 있습니다. 그러나 초의선사가 살던 시대에는 아무리 차문화가 가치 있고 의미 있는 것이라고 하더라도 극소수의 선비, 양반, 스님들에 한정된 여유 있는 사람들의 전유물이었다 해도 지나친 말은 아닐 것입니다. 우리가 떠올리는 대표적인 한

::점필재 김종직의 차밭 조성터(함양군 휴천면 동호마을) – ㉝

국의 차인들은 학식과 신분은 말할 것도 없고, 경제적으로도 지금의 우리가 상상할 수 없을 만큼 능력과 지위를 가지고 있었습니다.

충담사는 찬란한 신라 문화를 열었던 경덕왕과 자리를 같이했고, 북송 철종 시대 송에 들어갈 때 그의 접반사(接伴使)였던 소동파를 만난 대각국사 의천은 출가한 고려의 왕자였습니다. 술과 함께 차를 좋아했던 고려의 이규보는 문학의 천재였으며, 당시 최고 실력자인 최충헌의 보호를 받고 있었습니다. 조선시대 차를 즐겨 마셨던 서산대사나 사명당은 당대 최고의 고승이었으며, 벼슬하기를 포기하고 낙향하여 논밭을 일구며 독서하고 차를 마셨던 성호 이익조차도 서재에는 서양 문물의 사정을 살필 수 있는 아버지 이하진이 남긴 수천 권의 장서가 있었습니다. 청나라 건륭제를 만나기 위해 열하로 갔던 박지원은 기풍이 담대했을 뿐만 아니라 정조의 사랑을 받고 있었습니다. 수원 화성을 설계한 다산 정약용도, 고증학의 추사 김정희도 비록 정쟁에 휘말려 귀양살이를 밥 먹듯 했으나 당대 대가들이었습니다. 보통 사람들이 가까이할 수 없는 그들과 친교를 맺은 초의선사 또한 예사롭지 않은 사람임이 분명합니다.

일반 백성은 차를 약으로 달여 먹을지라도 일상 생활에서 즐길 수 있는 것은 아니었습니다. 차는 냉해를 입기 쉬운 남방 식물입니다. 재배 가능 지역이 경남, 전남 지역을 크게 벗어나지 못하는 지역적 한계도 있거니와, 생산량 자체가 적어 오늘과 같이 누구나 마음만 먹으면 쉽게 마실 수 있던 것이 아니었습니다.

더구나 성종 2년(1471)에 함양 군수로 부임한 점필재(佔畢齋) 김종직(金宗直; 1431~1492)의 일화는 조선시대 차문화의 현실을 대변해 주고 있습니다. 그는 백성들이 사는 형편을 돌아보고, 당시 군민들이 차를 구입해서 나라에 바치는 일로 몹시 고통 받는 것을 알았습니다. 차밭이 있어 차가 생산되는 것도 아닌데, 해마다 바쳐야 했기 때문입니다. 이곳 사람들은 멀리 전라도까지 가서 쌀 한 말로 겨우 차 한 홉을 바꿀 수 있었습니다. 이를 안 김종직은 군민들로부터 차를 받지[茶貢] 않고 여기저기서 구하여 바쳤습니다. 그리고 계속되는 이러한 폐단을 막기 위하여 그는 차밭[茶園]을 개간하여 차를 충당하고자 하였습니다. 신라 때 지리산에 차를 심었다면, 차나무의 종자가 지리산 어디엔가 자라고 있을 거라 확신하고 물어물어 찾아다닌 끝에, 엄천사(嚴川寺) 북쪽 대밭 속에서 야생하는 차나무 몇 그루를 찾아낼 수 있었습니다. 그는 그곳을 차밭으로 만들었습니다(지금의 함양군 휴천면 동호마을). 그리고 몇 년 뒤면 이곳에서 딴 차를 나라에 바칠 수 있겠다고 생각하였습니다.

다음의 〈차원〉(茶園)이라는 시는 이런 그의 기쁨을 노래하고 있습니다.

> 좋은 차 받들어 임금님 장수 빌고자 하나
> 신라부터 내려온 종자 오래도록 듣지 못했더니
> 이제 두류산 기슭에서 얻게 되매
> 우리 백성 한 가지 고통 덜어 또한 기쁘다
> 대밭 옆 거친 동산 수십 평 언덕에
> 자주색 아름다운 새 주둥이 언제면 자랑할고
> 다만 백성의 마음속 응어리를 덜고자 함이기에
> 광주리에 좁쌀을 담지 않아도 되리
>
> 欲奉靈苗壽聖君 新羅遺種久無聞
> 如今撫得頭流下 且喜吾民寬一分
> 竹外荒園數畝坡 紫英鳥觜幾時誇
> 但令民療心頭肉 不要籠加粟粒芽

해마다 토공(土貢)으로 차를 바쳐야 하는 함양 군민들의 고통을 덜어 주기 위해 노력했던 함양군수 김종직의 훈훈한 이야기(《점필재집》 시집 권10)는 차맛을 닮았습니다. 나라에 폐단을 상소하여 맞서지 않고 차밭을 일구어 이를 극복하는 긍정적인 인격은 차의 맛이라 하지 않을 수 없습니다. 차가 생산되는 남녘에서는 고려시대부터 차의 상공(上供)에 시달려 왔는데, 조선시대 초기에는 차가 제대로 나지 않는 곳까지도 차를 바쳐야 했습니다. 이런 과정에서 차는 백성들의 삶을 넉넉하게 해 주는 농산품이 아니라 애물단지가 되었던 것입니다.

차생활에 필요한 도구와 물품은 수도 많거니와 종류 또한 다양합니다. 그것을 갖추어 놓고 차를 마신다는 것은 상상조차 할 수 없었습니다. 해무리굽 청자 사발이며, 비취색 영롱한 차호며, 이들의 화려함이란 오늘날 우리들이 소박하게 차 마시는 분위기와는 사뭇 달랐을 것입니다.

효당은 일제강점기에는 만해 한용운과 함께 불교인으로서 독립운동에 참여하고, 해방 후에는 다솔사에 머물면서 차 마시기 운동을 통하여 일상이 더욱 친근하고 격조 있는 생활이 되기를 바랐습니다. 그는 《한국의 차도》에서 차의 세계는 차로만 이루어진 것이 아니라 사람으로 하여금 이루어 나가는 것이라고 강조하고 있습니다. 차의 세계가 한없이 열린 세계라고 하였습니다.

아인은 재직하던 고등학교에 박물관을 열어, 민예품이라는 구체적인 교구(敎具)를 통하여 학생들에게 차의 조형의식과 수준 높은 민족의 예술정신을 직접 느끼게 하였습니다. 또 기회만 닿으면 전국을 돌며 차 마시기의 필요성을 설파하였습니다. 가산을 털어 넣어 적극적으로 차문화운동을 주도하여 나갔기 때문에 각계각층 많은 사람들의 관심을 불러일으켰습니다. 그러한 노력에 힘입어 이제는 온 국민 누구나 마음만 먹으면 차 한 잔을 마실 수 있는 분위기가 만들어졌습니다. 효당 스님이 현대 한국 차문화운동의 뼈대를 만들었다면, 아인 선생은 현대 한국 차문화운동의 살을 붙였습니다.

남부 지방 곳곳에서 차를 만들어 내고, 전국 곳곳마다 차도구를 만드는 공방이 있습니다. 특히 진주를 중심으로 차기를 만드는 많은 도예 공방이 있고, 찻상과 같은 차에 관한 물품을 만드는 소목 공방이 있습니다. 그리고 지리산 화개동·덕산골·사천·남해·함양·고성 등지 산골짝마다 차를 만들어 내고 있습니다. 효당과 아인을 거쳐서 차는 비로소 일반 사람들이 마음만 먹으면 마실 수 있는 음료가 되었습니다.

그렇게 됨으로써 차 한 잔은 시민들의 일상 생활과 같이하면서 사람과 사람, 사람과 자연, 그리고 자연과 자연의 관계를 서로 소통할 수 있게 했습니다. 이제 우리는 차 한 잔으로 중국과 일본의 차문화를 읽을 수 있으며, 동양의 예술을 이해할 수 있고, 세계문화사와도 관련을 맺을 수 있게 된 것입니다.

차 한 잔을 마신다는 것은 바쁜 일과 가운데 휴식과 활기를 되찾는 일상적인 것이지만, 다른 한편으로 차는 여러 사람들과 같이 담론을 구성한다는 의미에서 한국 사회에 대한 인식을 포함하여 세계 인식에까지 지평을 열어 가야 할 것입니다. '진주 차맛'은 한국의 차문화가 응결된 것이며, 그것으로 끝이 아니라 소통의 시작입니다. '진주 차맛'으로 말미암아 한국의 차문화는 새로운 도약의 발판을 마련했다고 할 수 있을 것입니다.

# 8 진주 차맛의 오늘과 내일

:: '진주시민과 차생활' 행사에 참석한 차인들(2001. 5. 26.) - 창

'**진**주 차맛'은 차의 보편성에 진주라는 개별성이 연관되어 이루어진 것입니다. 그것은 누구나 진주든 어디든 자기가 사는 곳인 부분을 떠나 차의 보편성을 따라 우주를 품게 합니다. 중국의 차문화, 일본의 차문화, 그리고 인류가 가진 독특한 음료문화를 받아들이게 합니다. 음주문화가 발달한 서구사회에서조차 차는 각성제이자 즐거운 사교의 방편으로서 사회생활의 품격을 높여 주었습니다. 차생활은 일상에 차가 더해져서 생활의 변화를 가져오게 합니다. 자기반성이라는 인식의 전환에는 아픔이 따르지만 새로운 세계의 인식과 새로운 문화의 탄생을 예고합니다. 차 한 잔은 누구에게나 변화의 여유를 주면서 신선한 에너지를 공급합니다.

- 진주 차맛은 일상에 매몰되지 않는 각성의 생활이다

역사는 인간이 자기 자신을 인식하는 여러 모습들로 이루어졌고, 이러한 인간이라는 보편적 주체의 자기인식 과정이야말로 보편사의 핵심이라고 합니다. 우리들 인간사는 추상적 관념에서부터 구체적이고 일상적인 경험까지 담고 있습니다. 삶은 여유롭지 않은 직접적이고 즉각적인 행동의 결단을 무수히 요구합니다. 그러나 삶은 논리적으로만 살아가는 것이 아니라 대부분은 자신의 형편에 따라 살아가기 때문에 남들의 사정을 잘 이해하기 어렵습니다. 더구나 개인의 도덕적 관념으로는 비도적적 사회를 이해할 수 없을 때도 있습니다. 그 속에는 기본적인 생로병사, 생존의 문제가 걸려 있고 그 곁가지를 따라 희로애락, 감정의 문제가 사랑이나 권력·명예로 나타나게 됩니다. 살아남기와 물려주기 사이에서 어떻게 하면 알뜰한 살림살이를 꾸려 갈 것이냐가 우리들 삶의 전부라고 보아도 좋을 것입니다.

한국사의 전개는 한국인 자아발견의 과정이며, 한국차문화의 역사는 차인들이 꾸려 온 차생활의 흔적들입니다. '진주 차맛'이라는 따뜻한 차 한 잔에는, 속세를 벗어난 듯한 맑고 담백한 본래의 차맛이 있는가 하면, 지리산과 남해를 닮은 진주 사람들의 열정이 배어 있습니다. 선사들은 지리산 절집을 드나들며 화엄사상(華嚴思想)을 받아들였고, 문익점은 목면(木棉)으로 백성들에게 따뜻한 옷을 입혔으며, 남명은 후학들에게 경의(敬義)의 실천 사상을 전하였습니다. 강희안·강희맹 형제는 농업진흥책을 힘써 연구하여(《금양잡록》, 《사시찬요초》) 사람들을 배불리 먹였을 뿐만 아니라 시(詩)·서(書)·화(畵)의 고매한 예술과 꽃 가꾸기(《양화소록》)로 풍류를 낳았습니다. 진주 차맛은 이와 같은 '진주 정신'을 대표하는 인물들의 열정을 오롯이 담아내고 있습니다.

진주 차맛은 대중 또는 시민 한 사람 한 사람이 소중하다는 것을 알려 준 참사랑 전개의 역사입니다. 이 진주 차맛을 통해 비로소 우리들의 일상 생활도 소중하다는 것을 알게 되었습니다. 하루하루 반복되는 지루함이 아니라 중요하기 때문에 반복되는 나날임을 깨닫게 된 것입니다. 우리들의 언행, 생활도구들, 하고 있는 일, 가까운 이웃들이 소중하다는 것을 차 한 잔으로 전해 줍니다.

홀로 앉아 찻상 위의 차 한 잔을 대하듯 그토록 따뜻하고 정연한 마음으로 남을 배려하고 알아준다면 사소한 우리 일상의 주위가 더욱 아름다워지고 건강해질 것입니다. 민족 문화유산을 살펴보면 귀족이나 지식인이라는 사람들이 묵묵한 서민들보다 참다운 우리 문화를 제대로 지켜 내지 못했다는 것을 알 수 있습니다. 이제는 근원을 보지 못하고 이것저것 쫓다가 누더기 옷처럼 만들지 않아야 합니다.

우아한 장소에서 화려한 옷을 입고 귀한 차를 구입해서 값비싼 차기로 차 한 잔 마신다는 것이 무슨 의미가 있는 것일까요? 한창 나이에 유배자로서 세상의 주목을 받지 못하는 아웃사이더였지만, 정약용은 백성들의 삶을 개선해 보려고 치열하게 살았습니다. 그에게 차는 현실에 찌들지 않게 하고 내면의 각성을 자극하며 사회화의 길로 나서게 하는 힘이 되어 주었을 것입니다. 이런 그를 차인의 표상이라고 해도 좋지 않을까요.

차 한 잔이 주는 각성이란 일상의 강조이고, 동시에 일상으로부터의 탈출이라고 할 수 있습니다. 일상에 매몰되지 않고, 일상을 넘어서 그것을 극복하는 것입니다. 먹고 사는 일상 생활 속의 생각과 행동을 낳는 여러 요인들은 사실 우리가 잘 알지 못하는 고차원의 제도에서 비롯된 것입니다. 그럼에도 일상이 더 높은 차원의 역학관계에 따라 조종되고 규정되고 있음을 인지하지 못합니다. 그 점을 인지하게 되면 나의 일상을 좀더 창조적으로 이끌어 갈 수 있을 것입니다.

차생활의 일상이란 일상성의 보이지 않는 지배로부터 인식을 바꿔 가는 과정을 포함하고 있으며, 일상을 창조적으로 이끌어 간다는 뜻이 담겨 있습니다. 요즘과 같이 다양한 정보매체에 귀 기울이다 보면 정보 홍수에 일상이 매몰되기 쉽습니다. 외부의 규정에 자신을 맡겨 대리 만족하게 됩니다. 그러나 아무리 훌륭한 정보라도 사건의 진실까지 정확하게 알려 줄 수 없습니다. 정보매체로부터 거리를 두고 끊임없는 자기 노력으로 일상을 극복해야 합니다. 그리고 당장은 사회문제가 자신과 직접적인 손익관계가 없을지라도 나와 직결되어 있다는 인식이 필요합니다. 예를 들어 장애인 문제만 하더라도 나의 문제, 내 가족의 문제로 인식하지 않으면 사회적으로 대처 방안을 마련하기 어렵습니다.

곧 개인문제가 사회문제 그리고 국가문제와 연관되어 있다는 의식이 필요합니다. 사회문제도 복잡하지만, 이를 벗어난 우리나라의 지정학적 위치만 보더라도 우리의 사고와 행동이 깊고 원대하지 않으면 안 될 것입니다. 이에 더해 한 사람의 건강한 시민으로서, 직업윤리와 생존윤리까지 균형 맞춰 지켜 갈 수 있다면 이것이야말로 '진주 차맛'이 이어 주는 '한국 차문화운동'의 지향점이 될 것입니다.

진주 차맛은 본래의 차맛을 잃지 않아야 합니다. 본래 차맛은 휴식과 각성의 생활입니다. 차 한 잔은 사람을 깨어 있으라고 자극합니다. 늘 깨어 있어 준비하지 않으면 내일을 기대하기 어렵습니다. 차를 가까이하며 각성의 생활을 하게 되면 화를 내는 일이 줄어들고, 관용의 미덕이 생겨납니다. 바로 이런 점에서 '진주 차맛'은 차 한 잔을 통한 인식의 확장이며 영원한 각성의 과정이며 오늘과 내일을 새롭게 하는 일상 운동이 되는 것입니다.

### • 진주 차맛은 문화산업과 직결된다

차가 일상 생활에 들어오면서 차문화 관련 산업의 뒷받침이 필요하게 되었습니다. 품질 좋은 차·차기·찻상·찻장·쇠주전자·보자기 등과, 차생활에 관련된 도예·목공예·금속공예·섬유공예는 또 다른 독특한 차문화의 조형물을 이룹니다. 또 찻잎으로 녹차·가루차(말차)·황차·발효차·홍차를 만들지만, 그것을 산업화하여 차음료·차빙과류·차음식·건강식품의 대중화에 크게 기여할 수 있습니다. 차도구는 어린이들이나 학생들에게 교육적인 예절 게임, 살림놀이 도구로 활용하기에 모자람이 없습니다. 그리고 차회 모임

::개천예술제 서막을 기념하여 촉석공원에서 차회를 연 진주문화원 여성차인회 — 청

에서 감상하는 서예나 그림, 그리고 꽃은 차의 예술이 다른 예술과 밀접하게 관련되어 있다는 것을 보여 줍니다.

   경상남도는 차의 중요성을 직시하고, 진주 인근의 사천군·하동군과 협조하여 차밭을 확장 조성해 가며 차 산업의 진흥정책을 펴고 있습니다. 앞으로도 지리산과 남해에 이르는 해상과 산악권의 도로망을 이용하는 강우지역의 차문화 관광벨트를 조성하고, 차밭, 도자기 공방, 차도구 공방, 차실, 찻집과 연계하여 진주지역의 자연과 정신, 그리고 산물을 결합시켜 문화상품을 창안해 나갈 수 있을 것입니다. 진주성, 진양호, 인사동 골동품 거리를 포함해서 축제 한마당인 개천예술제와 세계등축제를 연계하여 진주만의 특색 있는 입체상품 시장을 만들어 부가가치를 높여 가야 합니다.

• 진주 차맛은 건강한 시민을 기대한다

　개인이나 작은 조직과는 달리, 사회는 국가정책과도 맞물리면서 관계가 복잡해지고 손익이 날카롭게 대립합니다. 차의 사회화는 가정을 꾸려 가며 직장에서 열심히 일하는 개개인이 따뜻한 차 한 잔으로 활력을 얻고, 몸과 마음이 균형 잡힌 건강한 시민으로 살아가길 바라는 기대와 다름 아닙니다.

　사람들은 직업적으로는 냉철한 이성에 뒷받침되는 첨단을 요구하며, 가정적으로는 오래된 습관에 머물고 싶어 합니다. 적절한 긴장과 휴식을 원합니다. 이러한 욕구가 일상적인 생활에 차가 필요한 이유입니다. 차는 첨단에 대한 기술적 요구에 따르는 것이 아니라 개인과 사회 공동체에 제대로 된 휴식을 제공합니다. 차를 통한 휴식은 소비가 아니라 개인과 사회를 소통시키는 활력소입니다. 그 에너지는 첨단과 무관하게 보일 수 있으나 창조력을 자극하고 심신에 위안을 줍니다. 차는 그다지 열량이 없는 식품이면서도, 맛과 향을 내는 요소와 비타민, 머리를 맑게 하는 카페인 등이 오미를 구성하며 건강을 보충해 줍니다. 차는 많이 먹지 말고 적게 먹을 것이며, 채우려 들지 말고 비울 것이며, 낭비하지 말고 절제할 것을 요구합니다.

　'나'는 '나'를 둘러싸고 있는 사람들과 자연환경과 관계하면서 존재합니다. 개인적으로는 심신을 보존하는 행동으로 사람들과 관계하고, 사회적으로는 직업을 통해서 관계를 맺고 있습니다. 직업인으로서는 주어진 일이 시대에 뒤떨어지지 않도록 최선을 다하며, 가정에 돌아와서는 휴식을 취하며 여가도 즐기며 가족과 단란하게 살아가려 합니다. 차는 이러한 관계 속에서 배려하는 기술입니다. 나를 배려하고, 남을 배려하고, 물건을 배려하고, 자연을 배려합니다. 잘

사는 나라일수록 상대방의 사소한 일도 배려하며 살아갑니다. 시민 한 사람 한 사람은 사회를 구성하는 주체이며 불가분의 요소입니다. 그러므로 개개인의 몸과 마음이 건강해야 건강한 사회가 된다는 것은 불 보듯 뻔합니다. 역사 속 차인들의 신중한 행적을 본받아 자기실천을 점검하고, 차를 통하여 깊은 통찰력과 여유 있는 덕스러움으로 민중의 어려움과 더불어 생활할 수 있는 미래의 진정한 차인들이 이어져 나가길 바랍니다.

차의 사회화의 요건으로 먼저 일상 생활 속에 녹아 있는 고정관념을 벗어나 현실을 직시하는 과정이 필요합니다. 차생활을 통한 삶의 입체적 탐색은 생활의 변화를 요구합니다. 그러므로 차의 사회화는 일종의 인식 전환이며, 의식 혁명입니다. 인간세계를 재조명하고, 예술영역을 재해석하며, 자연분야와 공존하려는 실천의지입니다.

한국사회의 이해는 지정학적 상황으로 말미암아 긴박한 국제관계 인식을 필요로 합니다. 그것이 우리가 염두에 두어야 할 세계인식의 중요성이며, 한국이 제대로 살아가는 길 찾기를 게을리 할 수 없는 이유입니다. 차의 사회화는 국가정책과 맞먹는 거창한 비전을 제시하자는 것이 아니라 적어도 그 준비과정 속에 사회인식이 녹아 있어야 한다는 것입니다. 국가의 균형적인 발전은 건강한 시민을 필요로 하고, 건강한 시민은 나은 미래를 열어 갑니다. 진주 차맛이 나아가려는 차의 사회화는 결국 '건강한 시민'을 염원하는 사회참여운동이라 할 수 있습니다.

자연은 오염되지 않아야 인간과 소통할 수 있습니다. 진주의 물은 지리산의 맑은 정기입니다. 이 맑은 정기는 영원히 남강을 통하여 흘러내려야 합니다. 진주 시민과 이웃 지역은 그 물을 먹고 살아가

:: 촉석성과 남강 중심의 진주시 - 정

야 합니다. 만약 물길이 오염되거나 막힌다면 시민들의 건강을 잃게 됩니다. 차 한 잔을 마신다는 것은 자연환경이 오염되지 않도록 감시자의 구실을 하는 것입니다.

'진주 차맛'을 이루는 차문화는 진주 시민의 삶의 질을 높일 뿐만 아니라, 진주가 국제도시로 발전하는 데도 기여할 것입니다. 지금은 거의 모든 문화시설이 서울에만 집중되어 있지만, 앞으로는 전국으로 확산될 것입니다. 서울에 모든 것이 집중되어 있다는 것은 문화의 다양성을 잃은 것이요, 시민의 삶을 서울에 앉아서 틀어쥐려고 한

진주 차맛의 오늘과 내일

침략자와 독재자의 흔적입니다. 과학기술이 발달하고 지식 정보의 빠른 소통으로 한국 전체는 이른바 '대한민국시'로 변모해 갈 것입니다. 첨단은 자연과 더불어 갈 때 비로소 밝은 미래를 약속할 수 있습니다. 첨단의 틈새로 차가 자연의 냄새를 전하면서 시적 사유 공간을 마련해 줍니다.

가정의 문화가 결국 국가 문화의 기강이 되므로 학교 생활관 교육과 함께 차생활 교육이 중요하지 않을 수 없습니다. 자라는 학생들 스스로 차생활을 실천하게 함으로써 사람을 배려하는 마음을 익히고 단조로운 생활에 변화를 가져오게 합니다. 차생활은 가정과 학교, 직장 생활로 바쁜 가운데 몸과 마음의 안정을 가져다주는 중요한 작용을 하게 됩니다. 이를 위해 진주 차맛에서 비롯하여 차회 단체나 공공기관이 시민을 위한 '차문화센터'를 세우고 《차문화문고》를 펴내면서 차생활의 지평을 열어 가야 합니다. 시민들에게 보여 줄 만한 동아시아 차문화를 담은 '차박물관'도 디자인되어야 할 것입니다. 그리고 도시경관과 건축물도 지리산, 남강, 진주, 남해라는 거대한 조형에 순응하고 있는지, 과연 산과 숲과 물로 둘러싸인 문화예술의 도시로 변모해 가고 있는지 살펴야 합니다.

한국 사람뿐만 아니라 외국 사람도 즐겨 찾는 아름다운 도시 진주, 숲의 도시, 물의 도시, 빛의 도시, 차의 도시, 첨단과 자연이 어울리는 도시 진주로 만들어 가야 합니다.

# 참고문헌

김병종, 〈사천 다솔사에서(신 화첩기행)〉, 《조선일보》 2001년 5월 30일자.
김봉호 엮음, 〈일지암 중건기〉, 1980.
민족문화추진회, 〈점필재집〉, 《한국문집총간12》, 서울: 천풍인쇄사, 1988.
정헌식, 〈강우차문화지대의 설정에 관한 시론〉, 《화백차론》(제4호), 진주: 형평출판사, 1995.
──, 〈화백차론의 차철학체계〉, 《화백차론》(제5호), 진주: 형평출판사, 1996.
──, 〈화백차법의 실행〉, 《화백차론》(제7호), 진주: 형평출판사, 1998.
──, 〈화백차법의 행위동작〉, 《화백차론》(제8호), 진주: 형평출판사, 1999.
──, 〈차미일의〉, 《화백차론》(제11호), 진주: 형평출판사, 2002.
──, 〈민가 사랑채의 조형성과 현대 차실 건축의 방향〉, 《화백차론》(제12호), 진주: 형평출판사, 2003.
──, 〈차문화의 연구갈래와 한국차문화사 서술방법〉, 《화백차론》(제13호), 진주: 형평출판사, 2004.
채정복, 〈초의선사의 차선수행론〉, 연세대 대학원 사학과(석사학위논문), 1992.
千宗室, 〈차의 마음〉(제4차 서울 국제차문화대회 기조연설 번역문 초), 1996.
최완수, 〈간송 선생 평전〉, 《간송문필》, 서울: 한국민족미술연구소, 1991.
한국차연구소, 〈다솔사 비문 해설〉(유인물).

《다담》 1987년 7월호, 1988년 9·11월호, 1989년 1월호.
《차도》 2001년 7월호.
《차심》 1993년 창간호.
《차인》(한국차인연합회) 1999년 3월호, 2006년 3·4월호.
강경숙, 《한국도자사》, 서울: 일지사, 1989.
고 은, 《한용운 평전》, 서울: 고려원, 2000.
김동곤, 《진감선사와 최치원》, 부산: 동남기획, 2000.
김명배, 《일본의 차도》, 서울: 보림사, 1987.
──, 《중국의 차도》, 서울: 명문당, 1985.
김상현, 《역사로 읽는 원효》, 서울: 고려원, 1994.
김상현·김봉호, 《생활차예》, 서울: 태평양박물관, 1984.
김영진 외, 《조선시대농업사연구》, 서울: 국학자료원, 2003.
김운학, 《한국의 차문화》, 서울: 현암사, 1981.
김재생교수정년기념논문집간행위원회, 《김재생교수 정년기념논문집》, 부산: 신흥출판사, 1992.
김정숙, 《김동리의 삶과 문학》, 서울: 집문당, 1996.
김창문, 《나의 지게자리》, 진주: 진주신문사, 1995.
김현정 옮김 / Perkins, J., 《경제 저격수의 고백》, 서울: 황금가지, 2005.
박전열·이한창 옮김 / 南方宗啓·紀貫之 外, 《南方錄·古今集假名序外》, 서울: 시사일본

어사, 1993.
문순태,《의재 허백련》, 서울: 중앙일보 동양방송, 1977.
민학회,《민학》, 서울: 에밀레미술관, 1972(제1집), 1973(제2집).
박석무,《다산기행》, 서울: 한길사, 1996.
박영희,《동차정통고》, 서울: 호영출판사, 1985.
박종한,《오민교육》, 서울: 배영사, 1975.
─── ,《차도》, 성남: 한국정신문화연구원, 1979.
─── ,《오성차도》, 창원: 토피아출판사, 2006.
박노정 엮음 / 勝田伊助,《한글번역 진주대관》, 진주: 진주신문사, 1995.
안병직,《신채호》, 서울: 한길사, 1979.
─── ,《한용운》, 서울: 한길사, 1980.
윤경렬,《경주박물관학교 교본》(1, 2), 1990.
윤두병,《매달려 가지 마라》, 서울: 한림원, 1997.
이한우 옮김 / Niebuhr, R.,《도덕적 인간과 비도덕적 사회》, 서울: 문예출판사, 2004.
장동익,《송대려사자료집록》, 서울: 서울대학교출판부, 2000.
정희균 옮김 / 出川直樹,《인간부흥의 공예》, 서울: 학고재, 2002.
정양모,《한국의 도자기》, 서울: 문예출판사, 1991.
정영선,《한국차문화》, 서울: 너럭바위, 1990.
정헌식,《진주시민과 차생활》, 진주: 형평출판사, 2001.
조자용,《우리문화의 모태를 찾아서》, 서울: 안그라픽스, 2001.
진주문화원,《진양지 삼우당 문익점선생편》, 1982.
─── ,《진주목읍지》, 1991.
─── ,《진주의 역사와 문화》, 2001.
진주시사편찬위원회,《진주시사》(상, 중, 하), 1995.
최범술,《한국차생활사》, 사천: 다솔사, 1966.
─── ,《한국차생활사》, 사천: 다솔사, 1970.
─── ,《한국의 차도》, 서울: 보련각, 1973.
한영대,《조선미의 탐구자들》, 서울: 학고재, 1997.

劉漢介 外,《中國茶藝》, 臺北: 婦幼出版社, 1988.
張宏庸,《茶的歷史》, 桃園: 茶學文學出版社, 1987.
─── ,《茶藝》, 臺北: 幼獅文化事業公司, 1987.

久松眞一,《南方錄》(校訂解題), 京都: 淡交社, 1975.
周達生,《中國茶の世界》, 大阪: 保育社, 1994.
池田巖 外,《茶道美術鑑賞辭典》, 京都: 淡交社, 1980.

Ukers, William H., "All about Tea", *The tea and coffee trade Journal*, New York, 1935.